CONNAÎTRE LA CULTURE **CANADIENNE**

SUH DUCK-YULL

Presses Universitaires Hanyang

AVANT-PROPOS

캐나다는 자국민과 원주민, 그리고 수많은 이주민들이 한데 어우러져 살아가는 인종의 모자이크와 같은 다문화·다언어 사회이다. 우리에게는 비교적 친숙한 나라임에도 국내에서 캐나다에 대한 연구나 소개는 매우 미진한 실정이다. 따라서 캐나다를 깊이 있게 알 수 있고 북미 대륙의 독특한 문화를 심층적으로 이해할 수 있는 학습 자료가 필요할 뿐 아니라 오늘날 다문화 사회를 원만하게 이끌어가고 있는 캐나다의 원동력은 무엇인지 집중적으로 탐구해볼 필요가 있을 것으로 판단되어 이 책을 집필하게 되었다.

본서는 캐나다의 언어, 문화, 정치, 경제, 사회, 역사, 교육, 지리, 관광, 축제 등 캐나다 문화 전반에 걸쳐 다양하고 깊이 있는 내용들을 다루고 있다. 총 7부로 구성되어 있으며, 학습자들의 흥미를 돋우고 캐나다 문화에 대한 이해의 폭을 넓히기 위해 텍스트에 관련된 사진·이미지·도표 등을 학습 자료로 첨부하였다. 더불어 책 말미에는 재미 삼아 풀어볼 수 있는 퀴즈 코너도 마련하였다.

어느 한 사회집단에서 의사소통 수단으로 공유되고 있는 언어는 문화적 정체성을 이루는 상징이 된다. 사회의 다양성과 특수성을 보존하고 있는 캐나다는 세

계화의 흐름 속에서 다문화 사회 국가로서 입지를 한층 더 확고히 함으로써 점차 글로벌화 되고 있는 세계에서 나름대로 잘 동화해 나갈 것으로 보인다.

캐나다가 다문화 사회를 이끌어가는 데 매우 중요한 역할을 한 것은 무엇보다 캐나다 정부가 오랜 세월에 걸쳐 심혈을 기울여 펼쳐온 융합적이면서도 포용력 있는 언어정책과 문화정책이었다. 특히 문화적 결정체라 할 수 있는 언어는 경우에 따라 새롭게 태어나 그 나라 문화의 저변을 이루는 초석과도 같은 역할을 하게 된다.

캐나다 사람들이 사용하고 있는 영어와 프랑스어는 오랜 역사적 굴곡을 통해 공식 언어로서의 위상을 확고히 하고 있다. 특히 두 언어가 언어적 자율성과 효율성, 용이성을 자연스럽게 느끼게 해주는 것은 캐나다 언어로 새롭게 진화하여 태어났기 때문이다. 그뿐 아니라 원주민들이 사용하고 있는 언어와 이주민들이 사용하고 있는 언어의 자율성도 인정하면서 이처럼 복잡다단한 그들의 사회를 잘 통합시켜 나가고 있는 캐나다는 점차 다문화 사회로 진입하고 있는 한국 사회의 롤 모델이 될 수 있을 것으로 생각된다.

본서는 경우에 따라 프랑스어 전용 강의를 위한 교재로 모든 텍스트를 원서 형식으로 꾸며 보았다. 캐나다 문화 입문서로 여러 가지 미비한 점들이 있으나 앞으로 캐나다 문화 연구의 작은 디딤돌이 되고 캐나다 문화에 대한 유용한 학습 자료로 널리 활용될 수 있기를 바란다.

2015년 2월

서덕렬

TABLE DES MATIÈRES

I

CONNAÎTRE LE CANADA

Le Canada est un pays diversifié et unique où l'hospitalité de ses habitants est sans égal. Deuxième plus grand pays au monde par sa superficie, le Canada se distingue par son immensité et sa diversité.

Dixième puissance économique au monde et un des pays les plus riches au monde, le Canada offre un des plus hauts niveaux de liberté économique au monde et est membre de l'Organisation de coopération et de développement économiques (OCDE) et du Groupe des 8 (G-8).

Le Canada regroupe des gens de diverses origines. Exception faite des Premières Nations – les Inuits et les Amérindiens – tous les Canadiens et Canadiennes sont immigrants d'origine.

Le Canada a été créé en 1867 grâce à l'union de l'Ontario, du Québec, de la Nouvelle-Écosse et du Nouveau-Brunswick. Il est devenu par la suite une démocratie multiculturelle diversifiée composée de dix provinces et de trois territoires qui s'est hissée au rang de chef de file mondial dans tous les domaines, tant sur terre que dans l'espace.

Les Canadiens et les Canadiennes commémorent cet événement chaque année le 1er juillet, date de leur fête nationale. On croit que le nom Canada vient du mot «Kanata» qui, dans la langue des Amérindiens hurons-iroquois, signifie village ou peuplement.

1. Emblème national

La feuille d'érable est associée au Canada depuis longtemps. En 1868, elle figurait dans les armoiries données à l'Ontario et au Québec et, pendant les deux Guerres mondiales, sur les insignes de régiment. Depuis l'adoption du drapeau national en 1965, la feuille d'érable est devenue le symbole national le plus important au Canada.

2. Drapeau canadien

Plusieurs personnes ont participé à la conception du drapeau canadien. Nous devons la feuille d'érable stylisée à M. Jacques Saint-Cyr, les proportions de celle-ci à M. George Bist, et la couleur choisie au Dr Gunter Wyszechi. La décision finale concernant tous les aspects du nouveau drapeau a été prise par un comité parlementaire de 15 membres, auquel la conception du drapeau a été officiellement attribuée. Au terme d'un long débat, le nouveau drapeau a été adopté par le Parlement. Il est officiellement devenu le drapeau national du Canada le 15 février 1965. Cette journée est maintenant reconnue comme la Journée du drapeau du Canada.

3. Hymne national

En 1880, Calixa Lavallée a composé la musique du O Canada et le juge Adolphe-Basile Routhier en a écrit les paroles. En 1908, Robert Stanley Weir a fait la traduction dont s'inspirent les paroles anglaises actuelles de l'hymne. Le 1er juillet 1980, soit un siècle après avoir été chanté pour la première fois, le O Canada a été proclamé hymne national.

4. Religion

Plus des quatre cinquièmes des Canadiens et des Canadiennes sont chrétiens (catholiques, dans une proportion de 46% environ, et protestants, dans environ 36% des cas). Les autres religions comprennent le judaïsme, l'islam, l'hindouisme, le sikhisme et le bouddhisme. Près de 12,5% de la population, soit une proportion supérieure à celle de n'importe quelle confession (la religion catholique romaine exceptée) prise individuellement, n'a aucune affiliation religieuse.

5. Langues officielles

Le Canada a deux langues officielles : l'anglais (langue maternelle de près de 59% des Canadiens et des Canadiennes) et le français (langue maternelle de 23% de la population). Bien des Canadiens et des Canadiennes (18%) ont plus d'une langue maternelle ou une langue maternelle autre que l'anglais ou le français : le chinois, l'italien, l'allemand, le polonais, l'espagnol, le portugais, le punjabi, l'ukrainien, l'arabe, le néerlandais, le tagalog, le grec, le vietnamien, le cri, l'inuktitut ou d'autres langues.

La Loi sur les langues officielles[1] fait du français et de l'anglais les langues officielles du Canada et prévoit des mesures spéciales visant à revitaliser les groupes linguistiques minoritaires francophones et anglophones et à les aider à se développer. Les institutions fédérales du Canada témoignent de l'égalité des deux langues officielles en offrant des services bilingues.

1. Cette loi, sanctionnée le 31 juillet 1974 par l'Assemblée nationale du Québec, fait du français la langue officielle du Québec. Elle présage la *Charte de la langue française*, qui la remplace à partir du 26 août 1977. Pour le texte de la première loi, Cf. Bernard Saint-Jacques, *Aspects sociolinguistiques du bilinguisme canadien*, Québec, CIRB, 1976, pp. 97-115.

6. Les peuples fondateurs du Canada

6.1. Les peuples autochtones

On croit que les ancêtres des peuples autochtones sont venus d'Asie il y a plusieurs milliers d'années. Ils étaient établis ici bien avant l'arrivée des premiers explorateurs européens en Amérique du Nord. Les cultures vivantes et diversifiées des Premières nations étaient enracinées dans des croyances religieuses liées à leur relation avec le Créateur, à leur milieu naturel et aux autres Autochtones.

Dans le Canada d'aujourd'hui, les peuples autochtones retrouvent leur fierté et leur confiance, et ils ont à leur actif de grandes réalisations dans les domaines de l'agriculture, de l'environnement, des affaires et des arts. Aujourd'hui, le terme peuples autochtones désigne trois groupes distincts :

1) Le mot Indien désigne tous les peuples autochtones sauf les Inuits et les Métis. Depuis les années 1970, on appelle aussi ces peuples autochtones les Premières nations. Aujourd'hui, près de la moitié des membres des Premières nations vivent dans environ 600 communautés au sein de réserves, et l'autre moitié habite hors des réserves, surtout dans les centres urbains.

2) Les Inuits, terme signifiant «le peuple» en langue inuktitute, vivent dans de petites communautés de part et d'autre de l'Arctique. Leur connaissance de la terre, de la mer et de la faune sauvages leur a permis de s'adapter à l'un des milieux les plus arides de la planète.

3) Les Métis sont un peuple distinct qui se compose de personnes nées de l'union d'Autochtones et d'Européens. La plupart vivent dans les provinces des Prairies. Ils viennent de milieux à la fois francophones et anglophones et parlent leur propre dialecte, le michif.

Environ 65% des peuples autochtones sont des Premières nations, 30% des Métis et 4%, des Inuits.

Nombre et pourcentage de locuteurs des provinces canadiennes

Province/Territoire	Nombre d'habitants	Nombre et pourcentage d'anglophones	Nombre et pourcentage de francophones	Nombre et pourcentage d'allophones
Ontario	12,028,895	9,789,937 **81.4%**	304,727 **2.5%**	1,934,235 **16.1%**
Quebec	7,435,905	787,855 **10.6%**	6,085,152 **81.8%**	562,860 **7.6%**
British Columbia	4,074,800	3,380,253 **83.0%**	19,361 **0.5%**	676,911 **16.6%**
Alberta	3,256,356	2,915,867 **89.5%**	21,347 **0.7%**	319,142 **9.8%**
Manitoba	1,133,515	997,598 **88.0%**	20,515 **1.8%**	115,398 **10.1%**
Saskatchewan	953,850	900,231 **94.4%**	4,318 **0.5%**	49,301 **5.2%**
Nova Scotia	903,090	868,408 **96.2%**	17,871 **1.9%**	16,811 **1.9%**
New Brunswick	719,650	496,850 **69.0%**	213,878 **29.7%**	8,913 **1.2%**
Newfoundland and Labrador	500,605	494,695 **98.9%**	740 **0.1%**	5,170 **1.0%**
Prince Edward Island	134,205	130,270 **97.1%**	2,755 **2.1%**	1,175 **0.9%**
Northwest Territories	41,055	36,918 **89.9%**	458 **1.1%**	3,678 **9.0%**
Yukon	30,195	28,711 **94.8%**	578 **1.9%**	985 **3.3%**
Nunavut	29,325	13,120 **44.7%**	228 **0.8%**	15,950 **54.5%**
Canada	**31,241,446**	**20,840,743** **66.7%**	**6,691,928** **21.4%**	**3,710,529** **11.9%**

6.2. Les Français et les Anglais

La société canadienne moderne est issue en grande partie des civilisations chrétiennes francophone et anglophone, amenées d'Europe par les colons. Le français et l'anglais définissent la réalité quotidienne de la plupart des gens et sont les deux langues officielles du Canada. Le gouvernement fédéral est tenu par la loi de fournir des services en français et en anglais partout au Canada.

Le Canada compte aujourd'hui 18 millions d'anglophones et 7 millions de francophones. Bien que la plupart des francophones vivent au Québec, un million de francophones vivent en Ontario, au Nouveau-Brunswick et au Manitoba. Les francophones sont aussi présents, mais de façon plus limitée, dans les autres provinces. Le Nouveau-Brunswick est la seule province officiellement bilingue.

Les Acadiens sont les descendants de colons français établis dès 1604 dans ce qu'on appelle aujourd'hui les Maritimes. De 1755 à 1763, pendant la guerre entre la Grande-Bretagne et la France, plus des deux tiers des Acadiens ont été déportés hors de leur patrie. En dépit de cette épreuve, appelée le «Grand Dérangement», les Acadiens ont survécu et maintenu leur identité propre. Aujourd'hui, la culture acadienne est florissante et elle contribue au dynamisme du Canada français.

Les Québécois sont les habitants du Québec, en grande majorité francophones. La plupart sont les descendants de 8 500 immigrants français arrivés au cours des 17ème et 18ème siècles et conservent une identité, une culture et une langue qui leur sont uniques, En 2006, la Chambre des communes a reconnu que les Québécois forment une nation au sein d'un Canada uni. Un million d'Anglo-Québécois ont des origines remontant à 250 ans et forment un élément dynamique du tissu social québécois.

7. La diversité au Canada

Depuis les années 1800, la majorité des Canadiens sont nés au Canada. Toutefois, le Canada est souvent appelé une terre d'immigration du fait qu'au cours des deux siècles derniers, des millions de nouveaux arrivants ont contribué à construire et à défendre le mode de vie au Canada.

De nombreux groupes ethniques et religieux vivent et travaillent côte à côte pacifiquement, en fiers Canadiens. Les principaux groupes sont les Anglais, les Francais, les Écossais, les Irlandais, les Allemands, les Italiens, les Chinois, les Autochtones, les Ukrainiens, les Hollandais, les Sud-Asiatiques et les Scandinaves. Depuis les années 1970, la plupart des immigrants viennent des pays asiatiques.

Des langues non officielles sont parlées dans de nombreux foyers canadiens. Les langues chinoises sont au deuxième rang de celles qui sont les plus parlées à la maison, après l'anglais, dans deux des plus grandes villes du Canada. À Vancouver, 13% de la population parle l'une des langues chinoises à la maison, et 7% à Toronto.

La grande majorité des Canadiens se disent chrétiens. Le groupe religieux qui compte le plus de fidèles est celui des catholiques. Il est suivi des Églises issues de la réforme protestante. Par ailleurs, le nombre de musulmans, de juifs, d'hindous, de sikhs et de membres d'autres religions ainsi que de personnes qui déclarent n'appartenir à aucune religion ne cesse d'augmenter.

Au Canada, l'État s'est traditionnellement allié avec les communautés religieuses afin de promouvoir le bien-être social, l'harmonie et le respect mutuel, d'offrir un enseignement et des soins de santé, de réinstaller les réfugiés et de maintenir la liberté de religion, d'expression religieuse et de conscience.

Ensemble, ces groupes diversifiés, qui ont en commun l'identité canadienne, forment la société multiculturelle d'aujourd'hui.

8. Une économie en croissance

Les premières entreprises au Canada, formées sous les régimes français et britannique, se font concurrence pour la traite des fourrures. La Compagnie de la Baie d'Hudson, dont les employés sont français, britanniques et autochtones, en vient à dominer le commerce dans le Nord-Ouest, de Fort Garry (Winnipeg) et Fort Edmonton à Fort Langley (près de Vancouver) et Fort Victoria – des postes de traite devenus plus tard des villes.

Les premières institutions financières voient le jour à la fin du $18^{\text{ème}}$ siècle et au début du $19^{\text{ème}}$ siècle. La Bourse de Montréal est créée en 1832. Pendant des siècles, l'économie du Canada repose essentiellement sur l'agriculture et l'exportation de ressources naturelles, comme la fourrure, le poisson et le bois de sciage, qui sont transportées par les routes, les lacs, les fleuves et les canaux.

En 1814, la tentative de conquête du Canada par les Américains est un échec complet. Les Britanniques mettent en place un coûteux système de défense au Canada, notamment les citadelles de Halifax et de Québec, la cale sèche à Halifax et Fort Henry à Kingston, qui sont aujourd'hui des lieux historiques populaires. La frontière canado-américaine actuelle a été en partie tracée à la suite de la guerre de 1812, qui a permis de garantir que le Canada resterait indépendant des États-Unis.

9. Le Canada et le Québec

Durant les années qui suivent la guerre, les Canadiens français s'épanouissent sur le plan tant social que culturel. Les années 1960 sont au Québec une époque de changements rapides appelée la «Révolution tranquille»[2] Beaucoup de Québécois cherchent à se séparer du Canada. En 1963, le Parlement établit la Commission royale d'enquête sur le bilinguisme et le biculturalisme, qui aboutit à l'adoption de la Loi sur les langues officielles (1969), garantissant des services offerts en français et en anglais par le gouvernement fédéral partout au Canada. En 1970, le Canada participe à la création de la Francophonie, une association internationale de pays francophones.

---

2. Depuis la fin de la Deuxième Guerre mondiale, la société québécoise s'est profondément transformée. Pour la première fois les élites traditionnelles du Québec, c'est-à-dire les professions libérales et le clergé, et leur idéologie conservatrice qui a commencé à se développer dans la deuxième moitié du 19e siècle, sont soumises à de sévères critiques. Ce sont cette idéologie conservatrice et le pouvoir politique qui ont idéalisé la culture québécoise, ont tenu le Canada français à l'écart de l'industrialisation et de l'urbanisation, ont veillé au maintien de cadres et de modes de vie ruraux et renforcé l'écart grave entre le Québec et les autres provinces du Canada. Pendant les années cinquante, le désir de changement et le renouveau est devenu si fort qu'avec les élections de juin 1960, l'opposition littérale a finalement pris le pouvoir et la Révolution tranquille s'est alors mise en marche.

Le mouvement pour la souveraineté du Québec prend de l'ampleur, mais il est défait lors d'un référendum organisé dans la province en 1980. Après beaucoup de négociations, en 1982, la Constitution est modifiée sans l'accord du Québec. Même si le mouvement pour la souveraineté est défait une fois de plus lors d'un second référendum en 1995, l'autonomie du Québec dans le Canada suscite encore des débats à l'heure actuelle et anime en partie la dynamique qui continue de façonner notre pays.

10. Une société en évolution

Avec l'évolution des valeurs sociales pendant plus de cinquante ans, le Canada devient une société plus souple et plus ouverte. Beaucoup profitent de l'élargissement des possibilités d'études secondaires et postsecondaires, et de plus en plus de femmes deviennent des travailleuses professionnelles.

Le Canada accueille des milliers de réfugiés fuyant l'oppression communiste, dont environ 37 000 ayant échappé à la tyrannie soviétique en Hongrie en 1956. Avec la victoire communiste de 1975 à la fin de la guerre du Vietnam, beaucoup de Vietnamiens fuient et plus de 50 000 d'entre eux cherchent asile au Canada.

L'idée du multiculturalisme, résultat de l'immigration des 19ème et 20ème siècles, prend un nouvel élan. Dès les années 1960, le tiers des Canadiens ont une origine autre que britannique ou française et sont fiers de conserver leur culture distincte dans la mosaïque canadienne. De nos jours, la diversité enrichit la vie des Canadiens, surtout dans nos villes.

Les découvertes scientifiques et technologiques du Canada sont réputées internationalement et changent la façon dont le monde communique et fait des affaires. Marshall McLuhan et Harold Innis sont des penseurs avant-gardistes. Le Canada est reconnu par les autres pays pour son excellence en sciences et en recherche et des étudiants, chercheurs et entrepreneurs de calibre international y viennent pour réaliser leurs travaux en recherche en médecine, en télécommunications et dans d'autres domaines. Depuis 1989, l'Agence spatiale canadienne et les astronautes canadiens participent à l'exploration spatiale, utilisant souvent le bras robotique conçu et construit par des Canadiens pour la navette spatiale américaine.

11. L'histoire du Canada

11.1. Les peuples autochtones

Lorsque les Européens arrivent au Canada, ils constatent que toutes les régions sont habitées par des peuples autochtones, qu'ils appellent «Indiens», car les premiers explorateurs croyaient avoir atteint les Indes orientales. Ces peuples vivent de la terre, certains de la chasse et de la cueillette, d'autres, de l'agriculture.

11.2. Les premiers européens

Les Vikings d'Islande, qui ont colonisé le Groenland il y a 1 000 ans, ont aussi atteint le Labrador et l'île de Terre-Neuve. Les vestiges de leur établissement, l'Anse aux Meadows, sont un site du patrimoine mondial.

L'exploration européenne commence véritablement en 1497, avec l'expédition de Jean Cabot, le premier à dessiner une carte de la côte Est du Canada.

De 1534 à 1542, Jacques Cartier traverse trois fois l'Atlantique, revendiquant des terres pour le roi de France, François 1er. Cartier entend deux guides qu'il a capturés prononcer le mot iroquois kanata, qui signifie «village». Dès les années 1550, on voit apparaître le nom Canada sur les cartes.

En 1604, les explorateurs français Pierre de Monts et Samuel de Champlain fondent le premier établissement européen au nord de la Floride – premièrement à Île St.-Croix (aujourd'hui dans le Maine) et puis à Port-Royal, en Acadie (aujourd'hui Nouvelle-Écosse). En 1608, Champlain bâtit une forteresse sur l'emplacement actuel de la ville de Québec. Les colons doivent résister au climat rigoureux. Grâce à Champlain, les colons se sont alliés aux Algonquins, aux Montagnais et aux Hurons, ennemis historiques des Iroquois, et ont formé une confédération de cinq (par la suite six) Premières nations qui s'est battue aux côtés des établissements français pendant un siècle. Les Français et les Iroquois ont conclu la paix en 1701.

Les Français et les Autochtones collaborent à l'important commerce de la traite des fourrures, stimulé par la forte demande pour les peaux de castor en Europe. Des dirigeants exceptionnels, comme Jean Talon, Monseigneur de Laval et le comte de Frontenac, bâtissent en Amérique du Nord un empire français qui s'étend de la baie d'Hudson au golfe du Mexique.

Les colonies anglaises établies dès le début du 17ème siècle le long de la côte atlantique finissent par devenir plus riches et plus peuplées que la Nouvelle-France. Au 18ème siècle, la France et la Grande-Bretagne se font la guerre pour devenir maîtres de l'Amérique du Nord. En 1759, les Britanniques gagnent la bataille des plaines d'Abraham à Québec, marquant ainsi la fin de l'Empire français en Amérique. Après la guerre, la Grande-Bretagne donne à la colonie le nom de «Province de Québec». Les francophones catholiques, appelés habitants ou Canadiens, cherchent à préserver leur mode de vie au sein de l'Empire britannique anglophone dirigé par des protestants.

12. La politique

Trois faits principaux caractérisent le système de gouvernement au Canada : Le Canada est un État fédéral, une démocratie parlementaire et une monarchie constitutionnelle.

12.1. État fédéral

Il y a un gouvernement fédéral, des gouvernements provinciaux et territoriaux et des administrations municipales au Canada.

Les responsabilités du gouvernement fédéral et des gouvernements provinciaux ont été définies en 1867 dans l'Acte de l'Amérique du Nord britannique, maintenant connu sous le nom de Loi constitutionnelle de 1867.

Le gouvernement fédéral assume la responsabilité des affaires de portée nationale et internationale, entre autres de la défense, de la politique étrangère, du commerce et des communications entre les provinces, de la monnaie, de la navigation, du droit criminel et de la citoyenneté.

Les provinces sont responsables des municipalités, de l'éducation, de la santé, des ressources naturelles, de la propriété et des droits civils, ainsi que des autoroutes.

Le gouvernement fédéral et les provinces se partagent la responsabilité de l'agriculture et de l'immigration. Le fédéralisme permet aux différentes provinces d'adopter des politiques adaptées à leurs populations et de mettre à l'essai de nouvelles idées et politiques.

Chaque province a sa propre assemblée législative élue, comme la Chambre des communes à Ottawa. Les trois territoires du Nord, qui ont de petites populations, n'ont pas le statut de province, mais leurs gouvernements et leurs assemblées exécutent bon nombre des mêmes fonctions.

12.2. Démocratie parlementaire

Dans la démocratie parlementaire du Canada, la population élit les députés de la Chambre des communes à Ottawa ainsi que des assemblées législatives provinciales et territoriales. Ces représentants sont chargés d'adopter les lois, d'approuver et de surveiller les dépenses et de veiller à ce que le gouvernement soit responsable. Les ministres du Cabinet sont responsables devant les représentants élus, c'est-à-dire qu'ils doivent conserver la «confiance de la Chambre» et doivent démissionner s'ils sont défaits dans un vote de censure.

Le Parlement comprend trois parties : le souverain (la reine ou le roi), le Sénat et la Chambre des communes. Les assemblées législatives provinciales sont constituées du lieutenant gouverneur et de l'assemblée élue.

Dans le gouvernement fédéral, le premier ministre choisit les ministres du Cabinet et il est responsable des activités et des politiques du gouvernement.

La Chambre des communes est la chambre des représentants, composée de députés élus par la population, traditionnellement tous les quatre ans.

Les sénateurs sont nommés par le gouverneur général sur recommandation du premier ministre et restent en poste jusqu'à l'âge de 75 ans. La Chambre des communes et le Sénat examinent et révisent les projets de loi (propositions de nouvelles lois). Aucun projet de loi ne peut devenir une loi au Canada avant d'avoir été adopté par les deux Chambres et d'avoir obtenu la sanction royale, accordée par le gouverneur général au nom du souverain.

12.3. Monarchie constitutionnelle

Le Canada étant une monarchie constitutionnelle, son chef d'État est un souverain héréditaire (reine ou roi), qui règne conformément à la Constitution, soit à la primauté du droit. Le souverain fait partie du Parlement et joue un rôle important, non partisan en tant que figure centrale de la citoyenneté et de l'allégeance, d'une manière plus visible lors des visites royales au Canada. Sa Majesté est le symbole de la souveraineté canadienne, la gardienne des libertés constitutionnelles et le reflet de l'histoire canadienne. Comme chef du Commonwealth, le souverain lie le Canada à 53 autres nations qui coopèrent pour l'avancement social, économique et culturel. Il existe une nette distinction au Canada entre le chef d'État (le souverain) et le chef du gouvernement (le premier ministre), qui dirige réellement le pays.

Le souverain est représenté au Canada par le gouverneur général, qui est nommé par le souverain sur recommandation du premier ministre, habituellement pour cinq ans. Dans chacune des dix provinces, le souverain est représenté par le lieutenant gouverneur, qui est nommé par le gouverneur général sur recommandation du premier ministre, aussi habituellement pour cinq ans.

Dans chaque province, le premier ministre a un rôle similaire à celui du premier ministre du gouvernement fédéral, tout comme le lieutenant gouverneur a un rôle similaire à celui du gouverneur général. Dans les trois territoires, le commissaire représente le gouvernement fédéral et joue un rôle cérémonial.

Les 5 derniers premiers ministres du Canada

- 1968 : P. E. Trudeau, premier ministre libéral
- Septembre 1984 - Oct 1993 : B. Mulroney, premier ministre, conservateur
- 25 Octobre 1993 : Jean Chrétien, premier ministre, libéral ; opposition officielle = Bloc québécois ; autres partis : Reform Party, Conservateur, Nouveau Parti démocratique
- 2 Juin 1997 : Jean Chrétien réélu. Opposition officielle : Reform

Party

- 12 Décembre 2003 : Paul Martin, premier ministre, libéral
- 6 Février 2006 : Stephen Harper, premier ministre, conservateur
- 14 Octobre 2008 : Stephen Harper réélu minoritaire
- 2 Mai 2011 : Stephen Harper réélu majoritaire. Opposition officielle : Nouveau Parti démocratique

13. L'économie

Le Canada est depuis toujours une nation commerçante, et le commerce reste le moteur de sa croissance économique.

En 1988, le Canada a négocié un accord de libre-échange avec les États-Unis. Le Mexique est devenu notre partenaire en 1994, dans le cadre de l'Accord de libre-échange nord-américain (ALENA), qui englobe 444 millions de personnes et représente annuellement plus d'un trillion de dollars en commerce et en investissements.

Aujourd'hui, le Canada compte parmi les dix économies les plus importantes de la planète et fait partie du G8, le groupe des huit principaux pays industrialisés, avec les États-Unis, l'Allemagne, le Royaume-Uni, l'Italie, la France, le Japon et la Russie.

13.1. L'économie canadienne comprend trois grands secteurs industriels :

Le secteur des services fournit des milliers d'emplois dans des domaines tels que le transport, l'éducation, les soins de santé, la construction, les opérations bancaires, les communications, la vente au détail, le tourisme et l'administration gouvernementale. Plus de 75% des travailleurs canadiens occupent un emploi dans le secteur des services.

Le secteur de la fabrication produit des biens qui sont vendus au Canada et partout dans le monde ; citons, entre autres, le papier, le matériel de haute technologie, aérospatiale, les automobiles, l'équipement, les aliments et les vêtements. Les États-Unis sont le plus important partenaire commercial du Canada à l'échelle internationale.

Le secteur de l'exploitation des ressources naturelles comprend la foresterie, la pêche, l'agriculture, l'exploitation minière et l'énergie. Ces industries ont joué un rôle important dans l'histoire et le développement du Canada. Aujourd'hui, l'économie de plusieurs régions du pays repose encore sur l'exploitation des ressources naturelles, et ces dernières représentent un pourcentage élevé des exportations du Canada.

Les Canadiens sont des chefs de file dans plusieurs domaines notamment : télécommunications, sciences de la santé, littérature, mines, aéronautique, arts de la scène, sciences de l'environnement et de la mer, télédétection, sciences forestières et développement des logiciels, et cela grâce aux excellentes universités qui forment des femmes et des hommes hautement qualifiés.

13.2. Les liens entre le Canada et les États-Unis

Le Canada entretient des liens étroits avec les États-Unis, et chacun des deux pays est le plus important partenaire commercial de l'autre. Plus des trois quarts des exportations canadiennes sont destinées aux États-Unis.

Ces deux pays entretiennent la plus importante relation commerciale bilatérale du monde. Le Canada exporte chaque année pour des milliards de dollars de produits énergétiques, de biens industriels, d'équipement, d'appareils, de produits de l'automobile, de l'agriculture, de la pêche et de la foresterie ainsi que de biens de consommation. Des millions de Canadiens et d'Américains traversent chaque année en toute sécurité ce qu'on appelle couramment «la plus longue frontière non défendue du monde».

II

CONNAÎTRE LE QUÉBEC

Il y a, au Canada, autant d'anglophones qu'on trouve de Tchèques en Tchécoslovaquie : 18 millions d'habitants. Les francophones, pour leur part, sont aussi nombreux que les Danois chez eux : 6 millions de citoyens, dont la vaste majorité est concentrée au Québec.

Le Canada, fondé par la France, conquis par l'Angleterre, fut une colonie, puis un Dominion avant d'acquérir sa complète indépendance avec le rapatriement de la Constitution le 29 mars 1982.

Vu d'un satellite, le Canada apparaît comme une longue bande de terre nordique bombardée de lacs et parsemée, au sud, de quelques vastes cités. Il y a cent ans, la Confédération canadienne tenait ensemble grâce au chemin de fer. Aujourd'hui, c'est la télévision surtout qui relie ses vastes espaces.

Les relations entre le Québec de langue française et le gouvernement d'Ottawa sont complexes : si la majorité québécoise reste attachée au Canada, territoire symbolique que lui a légué l'Histoire, elle ne veut pas pour autant disparaître dans la masse anglo-américaine.

C'est à ce niveau que les idéologies et les stratégies des partis politiques divergent, car il y a plusieurs façons d'unir le Québec au Canada. Les uns souhaitent la fusion, d'autres l'indépendance, la majorité préfère une autonomie relative dans des domaines névralgiques comme l'éducation, l'immigration ou la défense de la langue.

Le Canada est un compromis politique en perpétuelle évolution. Aucune des dix provinces n'est semblable à l'autre ; la plus petite compte 130 000 habitants réunis dans l'Île-du-Prince-Édouard, la plus populeuse est l'Ontario (9 100 000 habitants), dont le dynamisme industriel fait envie à tous.

Or, de toutes les provinces, seule celle du Québec a obtenu le statut de *société distincte* dans la Confédération. Être Québécois, au Canada, c'est se distinguer. Et c'est grâce au Québec si le Canada est le seul pays du monde à faire partie de deux grandes associations internationales d'Occident : le Commonwealth et la Francophonie.

1. Enseignement

Le système d'enseignement est un révélateur fondamental dans une société. Celui du Québec est l'un des plus démocratiques du monde. Il est né de l'Histoire, mais il a surtout été modelé dans la seconde partie de ce siècle. Aujourd'hui, un enfant du Québec peut, sans qu'il lui en coûte beaucoup, aller de l'école primaire à l'université sans subir de discrimination autre que celles que le talent et le travail imposent.

Deux grands réseaux s'offrent aux enfants, le catholique français et le protestant anglais. En effet, à cause de la conquête britannique, le système d'enseignement a toujours été fortement teinté par la dimension religieuse. Le conquérant non seulement parlait anglais, mais combattait les papistes. Les Canadiens français se tournèrent alors vers l'Église pour résister aux nouveaux maîtres et celle-ci assuma longtemps toute responsabilité en éducation. Les universités avaient des chartes pontificales. Les congrégations religieuses avaient charge d'âme dans les collèges et les couvents. En fait, le gouvernement ne se dota d'un ministère de l'Éducation qu'en 1964, à l'époque de la Révolution tranquille.

La tradition catholique avait exclu de l'école française les nouveaux arrivants qui, jusqu'à tout récemment, s'anglicisaient en choisissant massivement l'école protestante plus tolérante. Or, depuis la loi 101, les écoles françaises du réseau protestant se sont multipliées, celles du réseau catholique ont ouvert leurs classes aux immigrants. En province, une société encore homogène ne fait pas problème. À Montréal, les écoles publiques reçoivent des milliers d'élèves qui ne sont ni d'origine française, ni d'origine anglaise. Mais ce n'est pas tout : l'État québécois, en plus des deux réseaux publics, dans les deux langues, subventionne largement des maisons d'enseignement privées et des écoles religieuses réservées aux Juifs, aux Arméniens, aux Grecs ou aux Musulmans.

Cette diversité, religieuse et linguistique, semble respecter le choix de chacun ; pourtant elle est contestée par ceux qui souhaitent, pour renforcer la société québécoise, la même école publique française pour tous. Le vrai débat n'est pas d'ordre pédagogique, mais politique, car l'éducation nationale est à la rencontre du passé et de l'avenir d'un peuple.

2. France

La plupart des Québécois n'ont jamais mis les pieds en France et pourtant la majorité d'entre eux, s'ils avaient à voyager, commenceraient par visiter Paris.

Les relations entre le Québécois d'origine canadienne-française et la France sont si complexes que même un jésuite ne saurait s'y retrouver. Tout a commencé avec la colonie où la France était perçue, depuis le Canada, comme une métropole lointaine et inintéressée à l'avenir du pays. Sous Louis XV, le Canada n'était qu'arpents de neige.

Après la conquête anglaise, les administrateurs français et le haut clergé retournèrent en France et l'on peut dire que les 70 000 Canadiens qui restèrent en terre occupée se sentirent abandonnés. Quand, peu à peu, se renouèrent les relations, elles demeurèrent difficiles.

C'est avec l'arrivée des avions civils intercontinentaux (1955) que les échanges entre la France et le Québec commencèrent à se multiplier. L'élite intellectuelle du Québec alla étudier en France après la Deuxième Guerre mondiale et, revenue au Québec, voulut moderniser le pays. C'était à cette époque, en Afrique et en Asie,

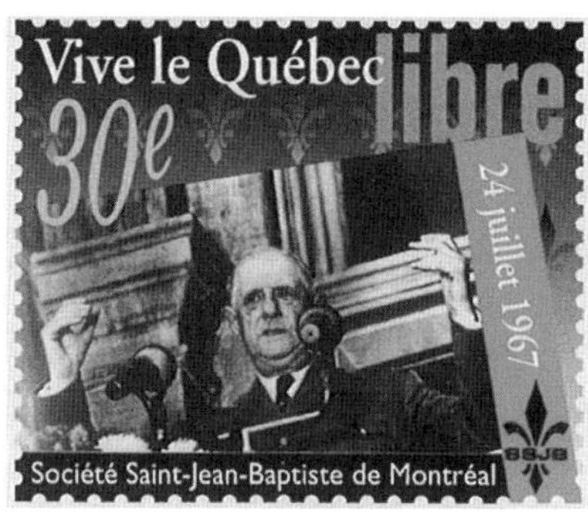

la grande période de la décolonisation. Ce fut, sur le plan symbolique, une époque semblable au Québec. Et quand le général de Gaulle, en 1967, vint lancer dans un discours célèbre «Vive le Québec libre !», l'on peut affirmer qu'il scellait enfin des retrouvailles nécessaires entre la France et le Québec.

Aujourd'hui, les Français connaissent mieux le Québec, même s'ils n'en sont pas des intimes, et les Québécois ne reprochent plus à la France son abandon. Français et Québécois admettent leurs similitudes et leurs différences. Déjà la chanson française compte, avec Robert Charlebois, Diane Dufresne, Gilles Vigneault, Luc Plamondon ou Daniel Lavoie, des voix populaires et importantes venues du Québec.

Dans le domaine de la littérature aussi, depuis vingt ans, les relations sont devenues plus intimes et pas nécessairement à sens unique. Aujourd'hui encore, la littérature française nourrit la culture québécoise, mais celle-ci a sa propre écriture et ses propres institutions. Il n'y a plus, entre Paris et Montréal, le décalage culturel que l'on pouvait constater au milieu du siècle. Les Québécois ne se prennent plus pour des Français d'un nouveau genre, ils se savent Nord-Américains de langue française, mais restent à l'affût de ce qui se pense à Paris comme de ce qui s'entreprend à New York. Aussi les pays francophones se retrouvent désormais au sein d'une association politique nouvelle : la Francophonie, qui va permettre, au plan culturel et économique, l'épanouissement de ceux qui ont le français en partage. La Francophonie, c'est une nouvelle solidarité.

3. Hockey

Le hockey sur glace est un élément fondamental de la culture québécoise. C'est un sport d'hiver que tout enfant se doit de pratiquer, un spectacle passionnant de vitesse et de violence, un rituel qui permet d'opposer les villes nord-américaines les unes aux autres, l'objet de discussion sans fin entre amateurs avertis. Ce hockey nous a donné des héros contemporains dont le célèbre Maurice Richard, et de nombreuses expressions dans le langage populaire.

Au Québec, quand on démissionne d'un poste ou que l'on prend sa retraite, on «accroche ses patins». D'un politicien habile qui réussit à échapper aux pièges des journalistes en ayant réponse à tout, on dit «qu'il sait patiner». Quand, dans une situation compliquée on avance avec difficulté, c'est que «la glace

est molle». Ne pas prendre de décision, c'est «s'asseoir sur la rondelle». Et ainsi de suite.

Les sports passionnent les Québécois qui par milliers se sont mis à la bicyclette, au ski de fond, à la course à pied, au football. Mais c'est au hockey qu'ils sont prêts à faire face aux grands défis internationaux. Quand une équipe soviétique vient jouer sur nos patinoires, on peut parler d'une Rencontre au sommet. Les commentateurs sportifs sont alors promus, le temps d'un tournoi, au rôle de journalistes politiques.

Cela dit, le costume flamboyant du joueur de hockey du club Canadien de Montréal, en bleu, blanc et rouge, est vraisemblablement ce qui s'approche le plus d'un vêtement national. Le Québécois a depuis longtemps troqué sa ceinture fléchée contre un chandail de hockey.

Jadis le hockey était aux Canadiens français ce que la boxe fut aux Noirs : l'occasion, avec ses muscles, de sortir de la pauvreté. Depuis que ce sport professionnel s'est internationalisé, les Québécois travaillent même en Europe, parfois comme entraîneurs, parfois comme joueurs vedettes.

C'est en s'inspirant du hockey que des gens de théâtre ont inventé un nouveau concept dramatique : le jeu de l'improvisation. À travers le Québec, des groupes s'affrontent dans des joutes intellectuelles et émotives qui sont parfois aussi enlevantes que la partie de hockey sur glace.

Mariage ultime du spectacle et du sport, le hockey est devenu le prétexte d'un feuilleton télévisé (*Lance et compte*) qui à son tour s'est transformé en événement culturel national : pour comprendre ce pays, il faut «faire le tour de sa patinoire».

4. Langue

Il n'y a pas, au monde, de personnes plus sensibles à la langue que celles qui vivent dans des territoires frontaliers. Cela se vérifie, pour ce qui est du français, aussi bien en Suisse qu'en Belgique. L'on peut dire que, globalement, les Québécois sont plus attentifs à la langue française que ne le sont les Français eux-mêmes.

De 1760 à 1960, pendant deux siècles, les Canadiens français se sont battus pour que le français soit utilisé et reconnu, non seulement dans leur entourage immédiat, mais aussi au niveau du gouvernement fédéral. Il y eut des batailles épiques pour que les chèques et les timbres, émis par Ottawa, soient bilingues. Car à Ottawa, encore aujourd'hui, l'anglais a toujours été la langue d'usage.

L'un des problèmes que pose la langue française au Québec[3] est celui de sa qualité. La plupart des étrangers jugent le français parlé au Québec suivant des normes parisiennes. Or, il faut situer le langage québécois dans son contexte.

Historiquement, les Français qui immigrèrent du Poitou, de la Normandie de la Bretagne et de nombreuses autres provinces, parlaient chacun leur patois d'origine. C'est donc au Québec

---

3. Comme toutes les autres langues la langue française au Québec comprend une gamme, une échelle, une variété de façons de parler et de s'exprimer. Cette variété linguistique, en relation intime avec la composition et la structure d'une société, se définit normalement par le concept des niveaux de langue. On peut distinguer en français québécois quatre niveaux de langue : *langue soignée, langue familière, langue populaire, joual*.

que pour la première fois se constitua une langue française unifiée, nourrie des mots et des accents des provinces françaises. Évidemment, cette langue, après la conquête anglaise, n'était plus en relation avec la mère patrie.

Elle fut parlée en vase clos. Le rythme, l'accent et le lexique du français québécois se nourrit à cette époque de la langue française archaïque, de la vie du pays, de la proximité de l'anglo-américain. Il n'est donc pas étonnant que de nombreux termes américains parsèment la langue d'ici.

Le français parlé au Québec est aussi varié que le sont les régions ou les classes sociales. Depuis vingt ans, sous l'influence des médias électroniques et du cinéma, le langage québécois s'est modernisé et à mesure que l'éducation progressait, il est devenu plus transparent.

Un phénomène littéraire a pourtant compliqué pendant une quinzaine d'années la question de la langue : l'aventure du «joual»[4]. Le français archaïque ou américanisé[5] devint en effet une façon de prendre le maquis, en termes culturels. Le «joual», langue plus parlée qu'écrite, fut utilisée dans de grandes œuvres théâtrales et romanesques. C'était la période où les Québécois descendaient dans les rues de Montréal ou attaquaient le Parlement pour obtenir des lois qui protégeraient la langue française.

---

4. Il semble que ce niveau de langue soit particulier aux jeunes générations des mi-scolarisés des grandes villes. Il se caractérise par l'emploi de mots anglais et de tournures anglaises non assimilés par la langue, par l'utilisation de mots français dont la signification est ignorée ainsi que par une forte réduction syllabique. Ce niveau de langue, encore bien mal défini, a sans doute une influence sur la langue populaire des milieux urbains, mais ne se confond pas encore avec elle.

5. Il est évident que l'anglais exerce une influence considérable sur le français québécois. Le danger de l'anglicisation a été reconnu déjà depuis très longtemps. Avec l'importance accrue des moyens de communication, ce danger n'a fait qu'augmenter. L'anglais a envahi tous les niveaux de la langue : la phonologie, le lexique, la syntaxe, la sémantique et même certains aspects de l'orthographe.

C'est ainsi que de Jean-Jacques Bertrand à Robert Bourassa à René Lévesque, divers gouvernements québécois légiférèrent pour donner au français ses assises officielles. Le Parti québécois eut l'habileté avec la loi 101, en 1976, de mettre fin aux affrontements avec les anglophones. Le français fut proclamé langue officielle du Québec et de ce jour les immigrants furent orientés vers les écoles françaises.

Jusqu'à cette époque, les immigrants qui arrivaient au Québec voyaient ce pays comme l'antichambre de l'Amérique et choisissaient majoritairement la langue anglaise, s'orientant vers la culture américaine. Le projet français du Québec est de créer une culture originale en Amérique et d'utiliser le français québécois comme langue de civilisation.

5. Montréal

Plus de trois millions de personnes, la moitié de la population du Québec, vivent, étudient et travaillent dans la grande région de Montréal, cité moderne qui porte, dans son architecture, les traces des développeurs. Près du Saint-Laurent, des rues construites sous le Régime français ; au centre de la ville, des édifices de brique, de verre et de béton qui disent aussi bien le Régime anglais que la proximité américaine. Le boulevard Saint-Laurent partage la ville en deux parties, hier l'est était français, l'ouest anglais ; aujourd'hui les quartiers riches de l'ouest ont été envahis par des francophones. Mais aussi l'on trouve des rues portugaises, des architectures italiennes et de nombreux édifices sans style qui accommodent au bord des autoroutes une popula-

tion toujours mouvante.

Il y a plus de libraires à Montréal qu'à Chicago, parce que c'est le modèle parisien qui a prévalu ici. L'été, des bars-terrasses s'étendent sur tous les trottoirs en hommage au style de vie européen. Sur les écrans de cinéma de Montréal, on offre une plus grande variété de films de toutes origines que partout ailleurs en Amérique, et les restaurants de Montréal pourraient certainement illustrer un cours de géographie humaine.

Depuis l'Exposition universelle de 1967 qui s'est tenue dans les îles tout à côté, Montréal est devenue une grande cité humaine où se dessine l'avenir du Québec. En 1981, les Québécois d'origine française y sont majoritaires (66%), ceux d'origine britannique ne sont plus qu'un dixième de la population et les différentes communautés culturelles (20%) complètent le tableau cosmopolite de la «deuxième ville française» du monde.

À Montréal, chaque citoyen peut choisir de vivre dans sa communauté et les écoles publiques vont jusqu'à donner des cours (PELO) de langue d'origine pour ceux qui ne veulent pas perdre leur identité.

Marcher dans les rues de Montréal, c'est à la fois faire le tour du monde et lier connaissance avec les éléments les plus dynamiques du pays. C'est ici que se trouvent les grands studios de la télévision de langue française (Radio-Canada, TVA, Radio-Québec, Quatre-Saisons, Télé 5), le centre de l'édition des livres, des journaux et des revues, six institutions universitaires (Montréal, UQAM, McGill, Concordia, HEC et Polytechnique), de grandes entreprises internationales, de nombreux sièges sociaux, la Bourse et les grands magasins qui attirent des foules étonnantes rue Sainte-Catherine.

6. Nom

Doit-on dire : c'est un Québécois, un Canadien français ou un francophone quand on parle d'un citoyen du Québec dont les ancêtres sont arrivés au Canada au cours du XVIIe siècle ?

À leur arrivée, nos ancêtres étaient «Français». Parce qu'ils se sont installés pour cultiver la terre, ils sont devenus, aux yeux de l'administration de Paris, des «Français du Canada».

Les enfants nés au Canada, et les enfants de leurs enfants par la suite, se sont appelés «Canadiens». Cela se prononçait «canayen» et marquait la différence avec les Français qui, comme le gouverneur et ses soldats, ne venaient que passer quelques années en Amérique avant de rentrer en métropole.

Après que l'Angleterre eut conquis la Nouvelle-France, il y eut au Canada les «Anglais» et les «Canadiens». Mais les Anglais à leur tour eurent des rejetons qui naquirent au Canada. Peu à peu, surtout après la Confédération de 1867, l'on se mit à parler de «Canadiens français» par rapport aux «Canadiens anglais».

Vers 1960, pour marquer leurs distances avec le Canada, des Canadiens français nationalistes se proclamèrent «Québécois». C'était, à ce moment-là, le nom que l'on donnait aux citoyens de la ville de Québec et par extension il devint le cri de ralliement de la Révolution tranquille.

«Québécois ! Québécoises !»

À qui s'adressait-on ? Aux Canadiens français du Québec ? Aux francophones de toute origine ? Les Canadiens anglais qui étaient au pays depuis quatre générations étaient-ils des Québécois ? Y aurait-il des Québécois francophones, anglophones et allophones ?

Un nom, c'est à la fois une identification et un projet. Aujourd'hui le nom de «Québécois» appartient à tous les citoyens du Québec, qu'ils soient nés à Port-au-Persil, Port-au-Prince, Portsmouth, Port-Saïd, ou Porto. Mais le projet, c'est-à-dire celui d'une société de langue française en Amérique du Nord, tient évidemment plus à cœur aux descendants des Français du Canada qui forment 80% de la population qu'aux membres des autres communautés qui peu à peu devront donner un sens à leur nouvelle identité.

III

LE FRANÇAIS AU CANADA

1. La langue française après la conquête britannique

Après la conquête britannique de 1760, la langue française va se maintenir au Québec, protégée par l'isolement géographique et poussée par un taux de natalité très élevé. Toutefois, si elle réussit à se perpétuer, c'est aussi à cause de la détermination de la population à sauvegarder sa langue et sa culture sur le territoire qui sera tour à tour nommé Province de Québec (1763), Bas-Canada (1791) et Province du Canada (1840), avant d'être intégré à la fédération canadienne en 1867.

Le recensement de 1851 révèle que les citoyens de langue française ont cessé d'être majoritaires dans la colonie qui couvre alors les régions du Québec, de l'Ontario, du Nouveau-Brunswick et de la Nouvelle-Écosse. Par la suite, les provinces qui avoisinent le Québec se peuplent rapidement.

De plus, entre 1840 et 1930, près d'un million de «Canadiens français», en majorité des Québécois, émigrent vers les

États-Unis à la recherche de meilleures conditions de vie. Le Québec devient le seul État en Amérique où les francophones sont encore majoritaires.

En 1960, le vent de changement qui souffle sur le monde bouscule aussi le Québec qui modernise ses institutions, réforme son système d'éducation, fait la promotion de la culture et de la langue de sa majorité. Un Office québécois de la langue française[6] est créé.

À partir de 1969, sous la pression de l'opinion publique francophone, les premiers jalons de ce qui forme aujourd'hui la politique linguistique du Québec sont posés. Des lois et des mesures sont adoptées, qui visent toutes le même objectif : donner à la langue française le maximum de chances de s'épanouir dans un continent habité par près de trois cents millions de locuteurs anglophones.

6. L'Office québécois de la langue française (en abrégé OQLF) a été créé le 24 mars 1961. L'année 2011 était donc le 50ème anniversaire de sa fondation. Il s'occupe de l'application de la Charte de la langue française depuis 1977. D'ailleurs, il publie bon nombre d'ouvrages linguistiques, surtout des bilans sociolinguistiques et des essais sur la place de la langue française dans la société québécoise.

2. La Charte de la langue française

La Charte de la langue française[7] forme l'assise de la politique linguistique québécoise. Adoptée en 1977, elle a transformé le Québec en y renforçant le statut du français, dans toutes les sphères de la vie publique. Tout a commencé par un enjeu scolaire. Au cours des années 1960, les familles immigrantes, de plus en plus nombreuses, inscrivaient majoritairement leurs enfants à l'école anglaise. À long terme, cette situation risquait d'avoir un effet majeur sur l'avenir linguistique du Québec. La Commission scolaire de Saint-Léonard, sur l'île de Montréal, réagit en adoptant une résolution qui impose, à compter de septembre 1968, l'école française à ses nouveaux élèves de l'enseignement primaire. Cette décision suscite des réactions et force le gouvernement québécois à légiférer sur la question. En 1969, il adopte la Loi[8] pour promouvoir la langue française au Québec qui accorde le libre choix de la langue d'enseignement, mais la fréquentation des écoles

7. On l'appelle également La loi 101. Cette loi a été adoptée à l'Assemblée Nationale en 1977 par le gouvernement du Parti Québécois. Elle a fait du français la langue officielle de l'État et des cours de justice au Québec, tout en faisant du français la langue normale et habituelle au travail, dans l'enseignement, dans les communications, dans le commerce et dans les affaires.

8. Cette loi est une loi linguistique de la province de Québec écrite par Jean-Guy Cardinal en 1969 sous le mandat de Jean-Jacques Bertrand. Elle a pour but de promouvoir le statut de la langue française au Québec et de consacrer le libre-choix dans l'enseignement en maintenant le choix des citoyens pour la langue d'instruction.

anglaises continue de croître. En 1974, la Loi sur la langue officielle[9] est adoptée ; elle fait du français la langue officielle du Québec et impose des tests de connaissance de l'anglais aux élèves souhaitant étudier dans cette langue, mais les tests posent problème. Il faudra attendre la Charte de la langue française, trois ans plus tard, pour que soit établi le principe général de la scolarisation en français, tout en accordant à la minorité anglophone du Québec l'accès à l'école anglaise.

3. Étudier en français

Près de 80% de la population du Québec a le français comme langue maternelle. Il est normal que la plupart des élèves québécois reçoivent leur enseignement dans cette langue, et la Charte de la langue française pose le principe de la scolarisation pour tous en français dans les classes maternelles, ainsi que dans les écoles primaires et secondaires financées par l'État. Ce faisant, la Charte vise à faire en sorte que les enfants francophones soient scolarisés dans leur langue et à favoriser l'intégration des enfants allophones à la société québécoise. Avant son adoption, 80% de ces derniers étaient inscrits dans une école de langue anglaise ; aujourd'hui, ce rapport est inversé.

La Charte de la langue française prévoit toutefois diverses exceptions au principe de la scolarisation en français. La princi-

9. C'est La loi 22 qui a été adoptée par l'Assemblée nationale du Québec en 1974. Elle a fait du français la langue officielle du Québec. Elle a été abrogée trois ans plus tard, avec l'adoption de la Charte de la langue française.

pale vise les enfants qui présentent un lien avec la communauté anglophone parce que l'un de leurs parents est citoyen canadien et a fait ses études primaires en anglais au Canada.

Si près de neuf élèves québécois sur dix reçoivent aujourd'hui leur enseignement en français, cela ne les empêche pas, depuis 2006, d'entreprendre leur apprentissage de l'anglais comme langue seconde dès la première année. De plus, après leurs études secondaires, les jeunes Québécois peuvent poursuivre leurs études à l'enseignement collégial ou universitaire dans l'établissement de leur choix, que la langue d'enseignement y soit le français ou l'anglais. Toutefois, la majorité des collèges et des universités du Québec donnent leur enseignement en français.

En offrant l'enseignement de toutes les disciplines et de tous les ordres d'enseignement en français, et en incitant les nouveaux arrivants à étudier dans la langue de la majorité, le Québec s'assure que sa langue officielle demeure bien vivante et qu'elle favorise la cohésion sociale.

Dans un contexte où plusieurs s'inquiètent des risques de fragmentation sociale, l'école québécoise constitue un puissant vecteur de cohésion sociale.

4. Francisation des milieux de travail

Des générations de Québécois devaient autrefois travailler en anglais, mais depuis l'adoption de la Charte de la langue française, travailler en français est un droit reconnu au Québec. Ainsi, un employeur ne peut refuser d'embaucher une personne parce qu'elle ne connaît pas ou n'a pas un niveau de connaissance spécifique d'une autre langue que le français, à moins que l'accomplissement de la tâche n'exige une telle connaissance. De même, un employeur ne peut congédier, mettre à pied, rétrograder ou déplacer un employé parce qu'il ne parle que le français ou qu'il ne connaît pas suffisamment une autre langue.

Des règles particulières s'appliquent aux entreprises employant cinquante personnes ou plus. Celles-ci sont tenues de s'inscrire auprès de l'Office québécois de la langue française afin d'obtenir un certificat attestant qu'elles ont généralisé l'usage du français. Les conseillers et les conseillères en francisation de l'Office les guideront à travers les étapes à suivre, leur offriront différents services (y compris une aide financière) et les aideront à trouver des solutions adaptées à leurs besoins.

Au fil des ans, avec l'aide de l'Office québécois de la langue française et grâce, notamment, au mouvement syndical, les grandes entreprises québécoises se sont progressivement francisées. La Charte de la langue française, en faisant du français une nécessité professionnelle, a réussi à lui insuffler une dimension économique qui constitue un atout considérable pour consolider son statut. Depuis trente ans, les écarts de revenus entre francophones et anglophones ont d'ailleurs sensiblement diminué. Certes, il reste toujours des efforts à faire et des progrès à accomplir à une époque où la mondialisation des marchés et l'accroissement des technologies de l'information et des communications témoignent de la force d'attraction que continue d'exercer l'anglais dans les milieux de travail.

Les étapes de la démarche de francisation

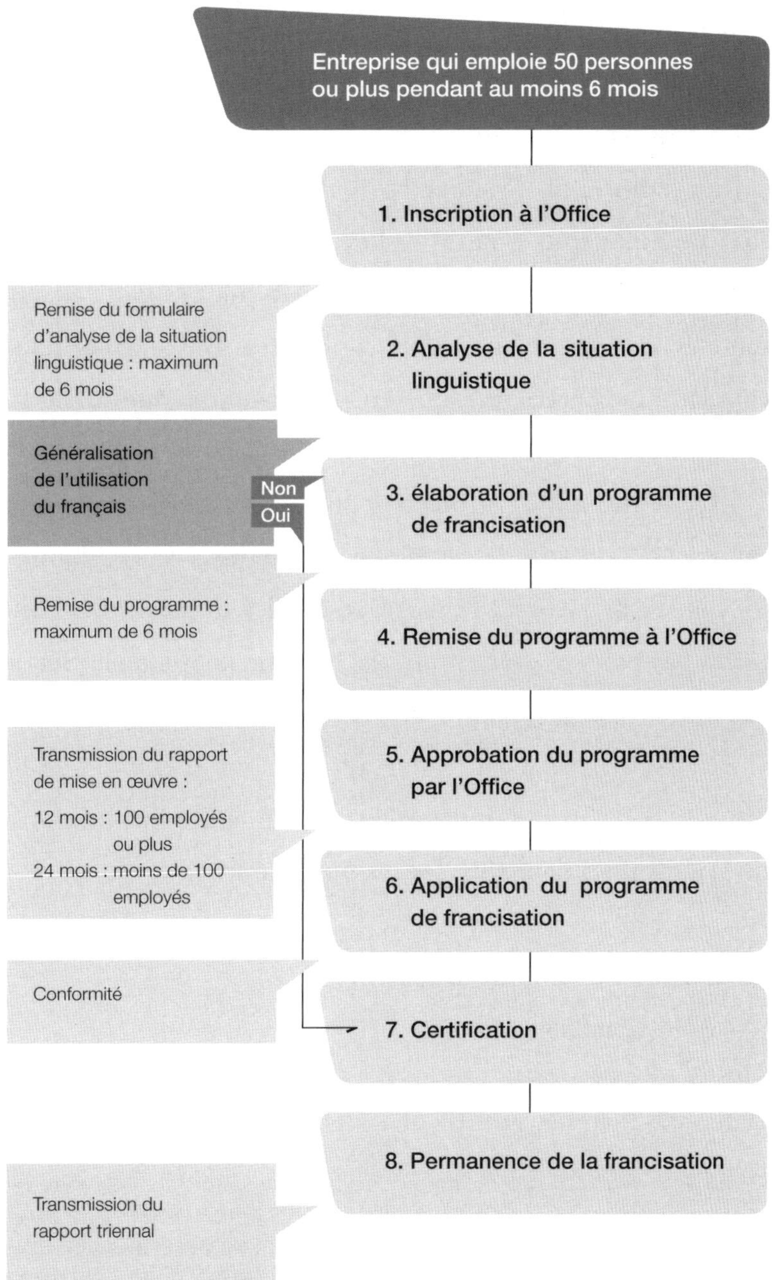

5. La féminisation des noms de métier

Au fur et à mesure que les femmes ont accédé à des postes ou à des métiers traditionnellement occupés par des hommes, il a bien fallu les faire «apparaître» dans la langue. Certaines langues emploient des termes neutres pouvant convenir tout aussi bien aux titulaires masculins que féminins. En français, cependant, les femmes ne tenaient pas à se faire appeler «madame le maire» ou «madame le juge»[10]. Les linguistes se sont donc attelés à la féminisation des titres. C'est ainsi que les ingénieures, les maçonnes, les ramoneuses et les policières sont entrées dans le vocabulaire québécois, presque en même temps que sur le marché du travail !

Le Québec a été un précurseur dans ce domaine, car on a commencé à y féminiser les noms de métiers, de fonctions, de grades et de titres dès 1979. Au cours des décennies suivantes, d'autres pays où l'on parle français, comme la Suisse, la Belgique et la France, lui ont emboîté le pas.

Relativement au genre des appellations d'emploi, l'Office québécois de la langue française a recommandé l'utilisation des formes féminines dans tous les cas possibles :

– soit à l'aide du féminin usité :

ex) couturière, infirmière, avocate

---

10. En France, on cherche à maintenir le statu quo ou même à entraver l'évolution de la langue. C'est la raison pour laquelle on garde, par exemple, les déterminants masculins pour désigner les femmes qui exercent des professions prestigieuses. (ex. Mme l'avocat, Mme le professeur, Mme le ministre, etc.) Curieusement, le problème de la féminisation ne se pose pratiquement pas dans le cas des positions inférieures, parce que beaucoup de mots figurent déjà depuis longtemps dans les dictionnaires. (ex. clerc, garçon de buffet, pizzaïolo, etc.)

– soit à l'aide du terme épicène marqué par un déterminant féminin :

ex) une journaliste, une architecte, une ministre

– soit par la création spontanée d'une forme féminine qui respecte la morphologie française :

ex) députée, chirurgienne, praticienne

– soit par l'adjonction du mot femme :

ex) femme-magistrat, femme-chef d'entreprise, femme-ingénieur

6. XXIe siècle : quel avenir[11] pour le français ?

Sur les 6 000 langues du monde, le français se hisse parmi les 10 plus utilisées, entre le 5e et le 9e rang selon l'angle statistique choisi. De fait, jamais autant de gens n'ont parlé le français qu'actuellement. L'Organisation internationale de la Francophonie évalue qu'environ 220 millions de personnes peuvent être définies comme francophones de façon certaine, soit vingt fois plus qu'il y a deux siècles alors que le français était la langue universelle d'Europe.

Langue officielle aux Nations Unies et aux Jeux olympiques, le français demeure la deuxième langue la plus enseignée dans le monde et l'une des rares langues apprises dans presque tous

11. L'avenir du français au Québec sera probablement soumis à l'avenir du français comme langue internationale. On se demande également quel sera le statut du français dans le nouvel ordre mondial des langues étrangères. On y parlera principalement anglais ? Donner une réponse à cette question est d'une certaine manière un préalable à toute réflexion sur la langue. Cette réflexion nous conduira à tirer une opposition entre langue de communication internationale et langues de cultures nationales.

les pays du monde. On oublie souvent que le français est la troisième langue parlée aux États-Unis, après l'anglais et l'espagnol. Malgré la domination mondiale de l'anglais au XXIe siècle, la langue française réussit donc à maintenir son influence et son envergure grâce, entre autres, à la puissance culturelle de la France, à l'immensité de l'Afrique francophone et à la diversité des États membres de la Francophonie.

À plus d'un point de vue, le Québec fait figure d'exception parmi les États francophones. Sa situation linguistique demeurera toujours singulière et les rapports qu'entretiennent les Québécois avec la langue française restent particuliers, tissés à la fois de confiance et d'incertitude. Depuis longtemps, les Québécois s'arment de patience, de courage et de détermination pour préserver leur identité linguistique. L'histoire récente a démontré que leur vigilance est nécessaire pour que le français demeure une langue utile dans toutes les sphères de la société, une langue capable d'exprimer la modernité. C'est ainsi qu'en dépit des obstacles et des prédictions, le français se développe et s'épanouit encore au Québec au XXIe siècle. La politique linguistique y est pour beaucoup. La volonté de la population québécoise de garder et transmettre sa langue y est pour davantage encore.

IV

L'HISTOIRE DU QUÉBEC

1. Première partie

1.1. Fondation de Québec (1608)

Durant le 16e siècle, la présence de pêcheurs français sur les côtes, les voyages de Jacques Cartier et une importante tentative de colonisation en 1541 marquent les débuts de la vie française en Amérique. Mais c'est en 1608 que Samuel de Champlain installe le premier établissement qui deviendra permanent, sur le site actuel de la ville de Québec.

1.2. Arrivée des premières «filles du roi» (1663)

Entre 1663 et 1673, plus de huit cents jeunes filles célibataires émigrent en Nouvelle-France dans le cadre d'un effort de

Henri Beau. *L'arrivée de Champlain à Québec.*

C. W. Jefferys. *L'arrivée des Filles du Roi à Québec, 1667.*

peuplement inédit. On les appelle «Filles du Roi» parce qu'elles ont été recrutées, transportées et dotées par le pouvoir royal.

1.3. Une nouvelle identité (1670)

Les Français établis à demeure sont nommés «Canadiens» (ou «Français-Canadiens»).

2. Deuxième partie

2.1. Premier glossaire Canadien (1743)

Pierre-Philippe Potier, un missionnaire belge, rédige jusqu'en 1758 des calepins intitulés *Façons de parler proverbiales, triviales, figurées, etc., des Canadiens au XVIIIe siècle*. Par la suite, de nombreux ouvrages consacrés au français du Canada seront produits.

2.2. Arrivée importante d'Acadiens (1759)

Expulsés d'Acadie par les autorités britanniques quatre ans plus tôt, quelques milliers d'Acadiens se réfugient au Québec. Il y aurait aujourd'hui plus d'un million de Québécois de descendance acadienne.

2.3. Capitulations de Québec et de Montréal (1759 et 1760)

Dans la foulée des affrontements entre la France et l'Angleterre, les victoires de l'armée anglaise en Amérique annoncent la fin de la Nouvelle-France.

2.4. Traité de Paris et proclamation royale (1763)

Une partie de la Nouvelle-France devient la *Province du Québec*. L'anglais est la langue du pouvoir et de la justice.

3. Troisième partie

3.1. Les francophones en minorité (1851)

La population de langue anglaise dépasse celle de langue française et les Canadiens français sont, pour la première fois, minoritaires dans l'ensemble de la colonie.

3.2. Première université de langue française (1852)

L'Université Laval est créée à Québec.

Henry Richard S. Bunnett, *Le Séminaire de Québec.* Fondé en 1663, le Séminaire abritera les salles de cours de l'Université Laval durant près d'un siècle.

3.3. Les Canadiens français redeviennent majoritaires à Montréal (1861)

Minoritaires depuis une trentaine d'années, les Canadiens français redeviennent majoritaires à Montréal, notamment en raison de la migration rurale vers les villes.

3.4. Le Québec, château fort de la francophonie canadienne (1864)

La mobilisation des élites canadiennes-françaises ne suffit pas. Les écoles catholiques et francophones ferment leurs portes

Rex Woods (d'après Robert Harris).
Les Pères de la Confédération, Conférence de Québec, 1864.

en Nouvelle-Écosse, puis au Nouveau-Brunswick (1871), au Manitoba (1890), dans les Territoires du Nord-Ouest (1892) et en Ontario (1912). En Saskatchewan et en Alberta, aucune garantie constitutionnelle n'est accordée aux minorités franco-catholiques lors de la création de ces provinces en 1905. Le Québec devient alors le château fort de la solidarité culturelle et institutionnelle canadienne-française.

4. Quatrième partie

4.1. Charte de la langue française : Loi 101 (1977)

La Charte de la langue française vise à «faire du français la langue de l'État et de la Loi aussi bien que la langue normale et habituelle du travail, de l'enseignement, des communications, du commerce et des affaires [...] dans un esprit d'ouverture et de justice».

Contestée à plusieurs reprises devant les tribunaux, la Charte voit plusieurs de ses dispositions initiales assouplies. Elle sera aussi modifiée dans un but d'actualisation.

4.2. Entrée en vigueur de la convention sur la protection et la promotion de la diversité des expressions culturelles (2007)

Le gouvernement du Québec a été l'un des premiers gouvernements à se déclarer officiellement en faveur d'un instrument international sur la diversité culturelle qui reconnaîtrait aux États et gouvernements le droit de soutenir la culture. La Convention de l'UNESCO, alors ratifiée par 56 pays, entre en vigueur le 18 mars 2007.

4.3. 400e Anniversaire de la fondation de la ville de Québec (2008)

V

ÉTUDIER AU QUÉBEC

1 . Le Québec

1.1. Le territoire

Le Québec est la plus grande des dix provinces canadiennes. Son territoire est divisé en dix-sept régions administratives. Sa superficie est de 1 667 926 km^2, soit 3 fois celle de la France, 7 fois celle du Royaume-Uni et plus de la moitié de celle de l'Argentine. Le Québec est limité à l'ouest par la province de l'Ontario, la baie James et la baie d'Hudson ; au nord par le détroit d'Hudson et la baie d'Ungava ; à l'est par le Labrador, le golfe du Saint-Laurent et la province du Nouveau-Brunswick et au sud par les États-Unis (États du Maine, du New Hampshire, du Vermont et de New York). La ville de Québec est la capitale nationale de la province de Québec.

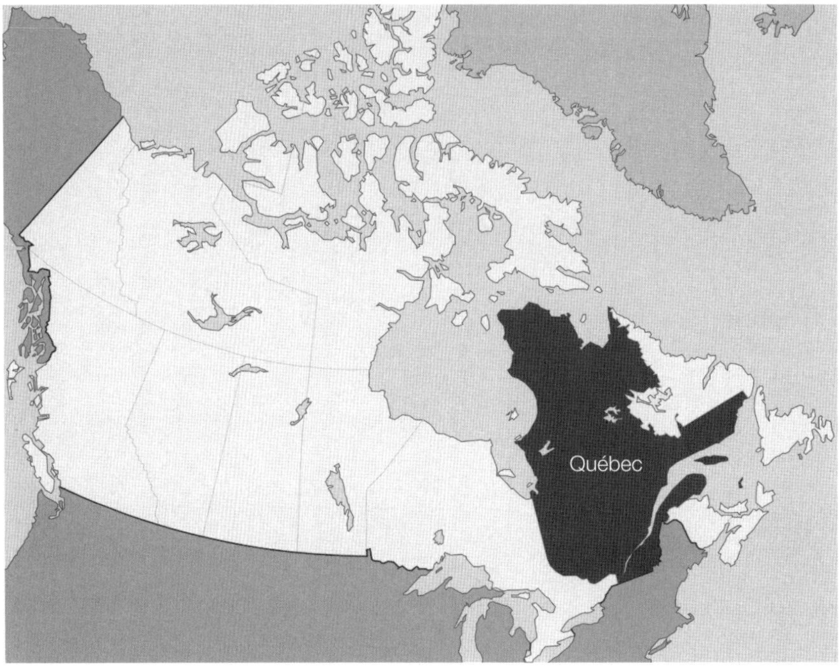

1.2. La société

Le Québec est peuplé de plus de sept millions d'habitants. La population et l'activité économique sont concentrées dans le sud du territoire, le long des rives du Saint-Laurent.

On compte trois peuples fondateurs au Québec : les francophones, qui constituent 79,6% de la population totale ; les anglophones, qui représentent 8,2%, et les peuples autochtones, dont la proportion est de 0,5%. La minorité de langue maternelle anglaise est surtout concentrée dans la région de Montréal et sa périphérie. Les personnes dont la langue maternelle est autre que le français ou l'anglais forment 12,3% de la population ; elles habitent principalement dans la région de Montréal. Enfin, 1,3% de la population de toutes origines a plus d'une langue maternelle.

La langue officielle du Québec est le français. Cependant, la plupart des services, y compris l'éducation préscolaire (maternelle) et tous les ordres d'enseignement jusqu'à l'université, sont offerts également en anglais.

2. Les avantages d'étudier au Québec

2.1. L'excellence de l'éducation

Sur le plan de la réussite, les élèves qui obtiennent un diplôme d'une école secondaire du Québec se placent dans les premiers rangs au Canada et sur la scène internationale. Le Québec est également l'un des États les plus performants quant à la proportion de jeunes qui obtiennent un premier diplôme universitaire. Plusieurs établissements d'enseignement supérieur québécois sont reconnus à l'échelle international et certains sont affiliés à des centres de recherche d'envergure.

En 2006, le Québec a accueilli près de 35 000 élèves étrangers dans ses écoles, ses collèges et ses universités. Deux tiers d'entre eux étaient inscrits dans des établissements d'enseignement universitaire.

2.2. Un coût concurrentiel

Au Québec, les droits de scolarité des étudiants internationaux sont parmi les plus bas en Amérique du Nord. À l'enseignement uiversitaire, pour une qualité de formation équivalente, il en coûte moins cher d'étudier au Québec que partout ailleurs en Amérique du Nord.

2.3. La qualité de vie

Réputé pour ses vastes espaces naturels, le Québec est devenu une destination plein air par excellence. Les visiteurs apprécient l'impressionnante diversité de ses panoramas et la riche palette de ses activités.

Le Québec offre également une qualité de vie urbaine remarquable, à mi-chemin entre le modernisme propre aux villes nord-américaines et le charme des villes européennes. Que ce soit par ses établissements d'enseignement supérieur, ses parcs technologiques reconnus, ses centres de recherche prestigieux, son économie du savoir ou l'expertise de ses chercheurs dans les secteurs de pointe, le Québec continue de séduire des milliers d'étudiants chaque année.

2.4. Un milieu de vie sécuritaire

Le Québec est reconnu pour la quiétude de son habitat, ses valeurs de justice et son respect de l'individu. Les armes à feu font l'objet d'un contrôle sévère et ne sont généralement pas autorisées sur le territoire canadien. Le taux de criminalité est parmi l'un des plus bas en Amérique du Nord.

3. L'enseignement

Le système d'enseignement québécois comprend l'éducation préscolaire (la maternelle), l'enseignement primaire et secondaire, l'enseignement collégial, la formation professionnelle et technique ainsi que l'enseignement universitaire. La fréquentation scolaire est obligatoire pour tous les enfants âgés de 6 à 16 ans. L'enseignement est gratuit pour tous les résidents du Québec, de la maternelle à l'enseignement collégial inclusivement. Le système d'enseignement public du Québec est laïque. Il est établi sur une base linguistique, francophone et anglophone, selon la langue d'enseignement d'usage dans les écoles. Le français étant la langue officielle du Québec, les enfants d'immigrants, quelle que soit leur langue maternelle, doivent normalement fréquenter un établissement de la commission scolaire francophone de leur localité jusqu'au terme de leurs études secondaires. La mixité des classes (garçons et filles) est la norme à tous les ordres d'enseignement.

Il existe également au Québec un réseau d'établissements privés reconnus par le ministère de l'Éducation, du Loisir et du Sport. Ces établissements offrent les programmes d'études officiels. Pour les fréquenter, il faut cependant payer des droits de scolarité et respecter les conditions d'admission propres à chacun.

3.1. L'éducation préscolaire et l'enseignement primaire et secondaire

Les services offerts par le réseau de l'éducation préscolaire et de l'enseignement primaire et secondaire s'étendent de la maternelle, pour les enfants de 5 ans, à la cinquième secondaire ou la formation professionnelle. La durée des études primaires et secondaires est respectivement de six et cinq ans.

L'éducation préscolaire ainsi que l'enseignement primaire et secondaire sont offerts dans des établissements publics et privés.

Le réseau public compte 2 380 établissements qui sont administrés par les commissions scolaires Celles-ci existent depuis 1845. On en compte actuellement 72 au Québec, dont 60 francophones, 9 anglophones et 3 ayant un statut particulier.

Les commissions scolaires relèvent du ministère de l'Éducation, du Loisir et du Sport, qui les finance et détermine la nature des services éducatifs qu'elles offrent. Elles sont administrées par des commissaires d'école élus au suffrage universel. Les commissions scolaires ont le mandat d'offrir des services éducatifs de qualité. Le but poursuivi est de permettre le développement intégral de l'élève, de favoriser son insertion dans la société et de faciliter son orientation personnelle et professionnelle. On veut ainsi répondre efficacement aux besoins de formation des jeunes, des adultes et des organismes québécois, dont les entreprises.

Le réseau privé compte 350 établissements. Ceux-ci sont subventionnés par le ministère de l'Éducation, du Loisir et du Sport dans une proportion de plus de 70%.

3.2. L'enseignement collégial

L'enseignement collégial se situe après les études secondaires et représente le premier ordre de l'enseignement supérieur, le second étant l'université.

Les collèges dispensent l'enseignement régulier (préuniversitaire), qui mène à l'université, et l'enseignement technique, qui prépare au marché du travail mais qui peut également mener à l'université. Les deux parcours conduisent à un diplôme officiel délivré par le ministère de l'Éducation, du Loisir et du Sport, soit le diplôme d'études collégiales (DEC). Quel que soit le parcours choisi, les élèves suivent des cours de formation générale, dont une partie est commune aux deux types d'enseignement.

L'enseignement régulier (préuniversitaire), d'une durée de 2 ans, comporte 8 programmes : sciences de la nature ; sciences humaines ; danse ; musique ; arts plastiques ; arts et lettres ; sciences , lettres et arts ; histoire et civilisation. Certains collèges offrent également le baccalauréat international et d'autres, des programmes conduisant à l'obtention de deux DEC.

L'enseignement technique, d'une durée de 3 ans, comporte 115 programmes répartis dans 5 domaines : techniques biologiques ; techniques physiques ; techniques humaines ; techniques administratives ; techniques artistiques.

Le réseau collégial comprend actuellement 48 établissements publics, soit les collèges d'enseignement général et professionnel (cégeps), répartis sur l'ensemble du territoire québécois, 11 établissements relevant d'un autre ministère et 61 établissements privés dont 25 sont agréés aux fins de l'attribution de subventions. Parmi ces derniers, deux établissements font l'objet d'une entente internationale.

Pour plus de renseignements sur les programmes offerts, veuillez consulter le site Internet du ministère de l'Éducation, du Loisir et du Sport à l'adresse suivante : www.mels.gouv.qc.ca/ens-sup/ens-coll/programm.asp.

Vous pouvez également obtenir des renseignements sur les cégeps en consultant le site de Cégep international à l'adresse suivante : www.cegepinternational.qc.ca

3.3. La formation professionnelle et technique

La formation professionnelle et la formation technique font partie intégrante du système éducatif. Elles sont dispensées au secondaire (formation professionnelle) et au collégial (formation technique). Elles accueillent autant les jeunes que les adultes se destinant au marché du travail.

3.3.1. La formation professionnelle

Relevant de l'enseignement secondaire, la formation professionnelle est offerte par des commissions scolaires et des établissements privés. L'élève peut y accéder à la suite de la réussite de la troisième ou de la quatrième année du secondaire. Dispensée dans 174 centres publics, elle permet l'apprentissage d'un métier. Au total, 168 programmes d'études sont accessibles aux jeunes et aux adultes. Tous ces programmes conduisent à un diplôme officiel, soit le diplôme d'études professionnelles (DEP) ou l'attestation de spécialisation professionnelle (ASP).

3.3.2. La formation technique

La formation technique est assurée par les collèges d'enseignement général et professionnel (cégeps) et les collèges privés.

Les programmes de formation technique conduisent à un diplôme officiel, soit le diplôme d'études collégiales (DEC), offert aux élèves du secteur des jeunes. Ce diplôme permet d'obtenir des emplois de technicien ou de technologue.

Par ailleurs, les collèges ont également la possibilité d'offrir une formation continue (élèves du secteur des adultes) qui conduit à l'obtention d'un diplôme d'établissement, soit l'attestation d'études collégiales (AEC). Il exsite près de 1 000 programmes menant à une AEC.

3.4. L'enseignement universitaire

Le réseau d'enseignement universitaire québécois est caractérisé par l'autonomie de ses établissements. Ainsi, chaque université est responsable de l'élaboration et de la gestion de ses programmes d'études et de recherche, des modalités d'admission et d'inscription des étudiantes et étudiants de même que de la délivrance des diplômes, qui varient d'un établissement à l'autre.

Les études universitaires sont sanctionnées par un diplôme de baccalauréat (premier cycle, trois ou quatre années d'études), de maîtrise (deuxième cycle, une ou deux années d'études) ou de doctorat (troisième cycle, trois années d'études ou plus).

Le réseau universitaire compte quatre établissements francophones : l'Université Laval, l'Université de Montréal (qui comprend deux écoles affiliées), l'Université de Sherbrooke et l'Université du Québec. Cette dernière est composée de dix établissements répartis sur le territoire québécois, dont un organisme d'enseignement à distance, la Télé-université (TELUQ). Ce réseau compte également trois établissements anglophones : l'Université McGill, l'Université Concordia et l'Université Bishop's.

Le système d'enseignement au Québec

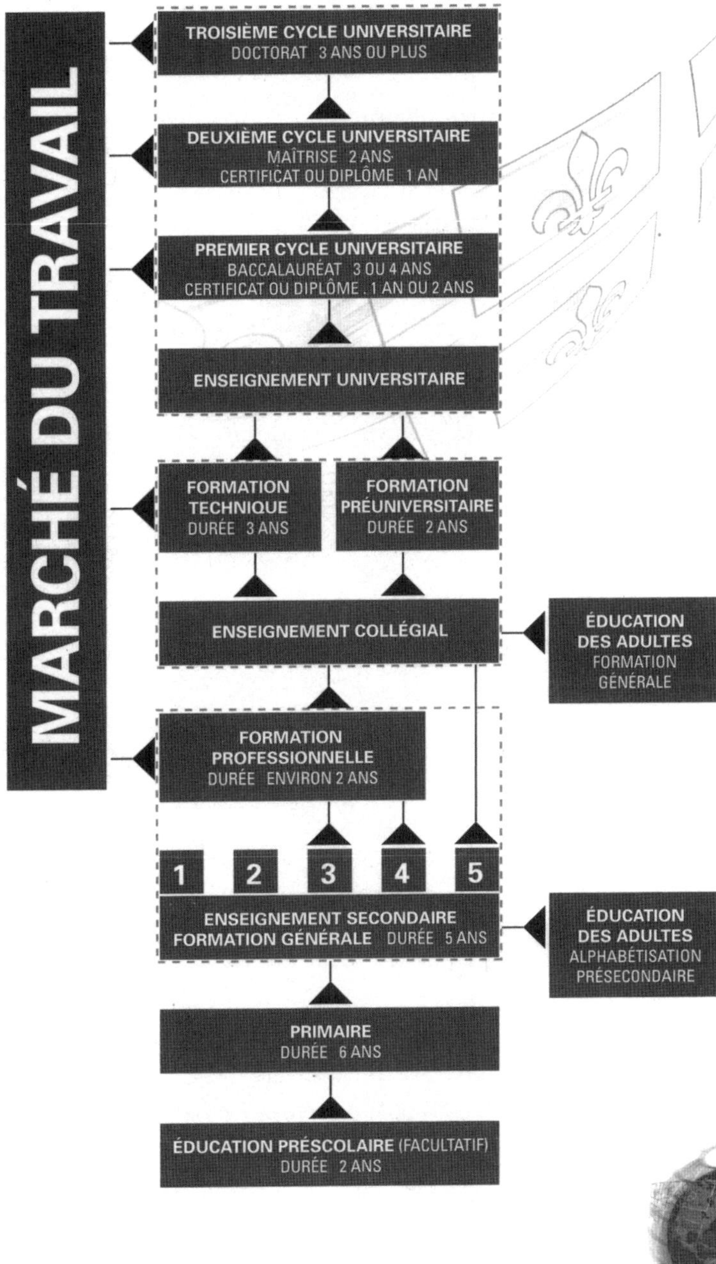

4. Les exigences liées aux études

4.1. Les démarches préalables à l'inscription

Les candidates et candidats étrangers doivent d'abord prendre connaissance des programmes d'études offerts dans les établissements d'enseignement québécois. Pour ce faire, il faut entrer en contact avec l'établissement d'enseignement de son choix ou communiquer avec le Centre de renseignements du ministère de l'Éducation, du Loisir et du Sport (voir la section 4.3). Les renseignements concernant les programmes figurent dans le document *Circuit collégial* ainsi que dans le site Internet du Ministère à l'adresse suivante : www.mels.gouv.qc.ca.

4.2. Les équivalences

Les établissements d'enseignement du Québec sont seuls habilités à décider des équivalences qu'ils accordent en vue de l'admission d'une candidate ou d'un candidat. Selon la langue d'enseignement de l'établissement, le dossier de candidature doit être présenté en français ou en anglais. Un établissement n'effectue une étude d'équivalences que lorsqu'une demande d'admission lui est présentée selon la procédure établie. Si, en raison des particularités du système d'enseignement supérieur du Québec, une personne étrangère ne sait pas à quel ordre d'enseignement (collégial ou universitaire) présenter sa candidature, elle peut demander au ministère de l'Immigration et des Communautés culturelles (MICC) une évaluation comparative des études qu'elle a effectuées hors du Québec, puis présenter l'avis du MICC à l'établissement d'enseignement choisi.

L'évaluation comparative, qui n'est pas l'établissement d'équivalences mais une comparaison générale entre deux systèmes scolaires, fait état des diplômes et autres documents sanctionnant des études effectuées hors du Québec. Elle indique notamment l'ordre d'enseignement auquel correspondent les études effectuées par la personne désireuse d'étudier au Québec. Au moment de la transmission de sa demande, celle-ci doit fournir les documents requis accompagnés du paiement des frais exigés. La demande doit être envoyée à l'adresse suivante :

Ministère de l'Immigration et des Communautés culturelles
Centre d'expertise sur les formations acquises hors du Québec
255, boulevard Crémazie Est, bureau 8.01
Montréal (Québec) H2M 1M2
CANADA

Téléphone : 514 864-9191
Courriel : renseignements@micc.gouv.qc.ca

(On s'assurera de ne pas oublier de mentionner son adresse postale lorsqu'on utilise le courrier électronique.)

D'autres renseignements portant sur les documents à fournir, la nécessité de les faire traduire, les montants à payer, les délais d'obtention des équivalences ainsi que le formulaire de demande se trouvent dans le site Internet du MICC : www.immigration-quebec.gouv.qc.ca/fr/education/evaluation-comparative/index.html.

4.3. La demande d'admission

4.3.1. À l'éducation préscolaire, au primaire et au secondaire

Pour obtenir des renseignements sur l'éducation préscolaire ou l'enseignement primaire et secondaire de même que sur les modalités d'admission, veuillez consulter le site Internet du ministère de l'Éducation, du Loisir et du Sport du Québec (www.mels.gouv.qc.ca) ou communiquer avec la Direction des communications de ce ministère à l'adresse suivante :

Renseignements généraux

Ministère de l'Éducation, du Loisir et du Sport

1035, rue De La Chevrotière, 28e étage

Québec (Québec) G1R 5A5

CANADA

Téléphone : 418 643-7095

Sans frais : 1 866 747-6626

Télécopieur : 418 646-6561

Courriel : www.mels.gouv.qc.ca/ministere/nousjoindre

Il est important de noter que, pour chaque document transmis à un établissement québécois, l'adresse de l'expéditeur doit être lisible et l'information demandée, clairement précisée.

4.3.2. Au collégial

Tout élève qui désire être admis dans un établissement d'enseignement collégial doit présenter une demande d'admission. Étant donné que la date limite pour la soumission d'une demande d'admission dans un collège peut varier d'un établissement à l'autre, les élèves sont invités à communiquer avec l'établissement de leur choix pour connaître cette date.

La demande d'admission doit être adressée soit à un service régional d'admission (Montréal, Québec, Saguenay-Lac-Saint-Jean) ou directement à l'établissement lorsque ce dernier ne fait pas partie d'un service régional d'admission. Chaque service régional d'admission ou établissement est apte à faire l'évaluation des dossiers des élèves étrangers en vue de leur admission aux études collégiales.

Chaque élève présente une seule demande lorsqu'il s'adresse à un cégep ou à un service régional d'admission. Dans le cas d'une demande d'admission dans un collège privé, il convient de communiquer directement avec l'établissement concerné.

4.3.3. À l'université

Les étudiantes et étudiants doivent s'adresser directement à l'université de leur choix en prenant soin de s'informer de l'accessibilité, pour les ressortissants étrangers, du programme auquel ils désirent s'inscrire de même que de la période prévue pour la transmission d'une demande d'admission.

Lors de cette première prise de contact, les étudiantes et étudiants auront, entre autres, à préciser le nombre d'années d'études qu'ils ont réussies et qui ont été sanctionnées par un bulletin et un diplôme, ainsi que tout autre renseignement relatif à leur demande.

4.4. Les droits de scolarité

Des droits de scolarité sont exigés des élèves étrangers. Ces droits font l'objet d'un ajustement annuel. Pour connaître les droits de scolarité actuellement en vigueur, veuillez consulter le site Internet du ministère de l'Éducation, du Loisir et du Sport à l'adresse suivante : www.mels.gouv.qc.ca.

4.4.1. À l'éducation préscolaire, au primaire et au secondaire

Pour l'éducation préscolaire ou l'enseignement primaire et secondaire, les droits de scolarité exigés des élèves étrangers sont les suivants :

- éducation préscolaire (enfants de 5 ans) et enseignement primaire : 4 982 $ par année ;
- enseignement secondaire général : 6 230 $ par année ;
- enseignement secondaire professionnel : selon le programme.

Les enfants à la charge d'une personne qui séjourne au Québec à titre d'étudiant étranger sont exemptés de ces droits de scolarité.

4.4.2. Au collégial

À l'enseignement collégial, les droits de scolarité exigés des élèves étrangers varient de 4 010 $ à 6 215 $ par trimestre selon le programme d'études, pour un élève inscrit dans un cégep, et de 2 404 $ à 3 732 $ par trimestre selon le programme d'études, pour un élève inscrit dans un établissement privé. Il faut ajouter à ce montant les frais d'admission, les frais d'inscription, les frais afférents, les frais de matériel pédagogique, les cotisations aux associations étudiantes. Ces frais varient entre 105 $ et 700 $ par année, selon le programme d'études et l'établissement. Les élèves étrangers doivent aussi s'informer auprès de leur établissement pour savoir s'ils sont couverts par une assurance maladie et hospitalisation collective ou s'ils doivent souscrire à une assurance privée. Les montants de la prime pour une assurance maladie et hospitalisation sont d'environ 600 $ par année. Une année scolaire comporte deux trimestres.

4.4.3. À l'université

À l'enseignement universitaire, les droits de scolarité exigés des étudiantes et étudiants étrangers sont de deux types, soit les droits qu'acquittent les étudiantes et étudiants québécois (environ 58,94 $ par unité) et un montant forfaitaire qui varie de la façon suivante :

- au premier cycle : 306,60 $ par unité pour les activités correspondant aux sciences humaines et sociales, à la géographie, à l'éducation, à l'éducation physique, à l'administration, aux lettres et au droit ou 348,60 $ par unité pour les autres familles ;
- au deuxième cycle : 306,60 $ par unité ;
- au troisième cycle : 269,85 $ par unité.

Les universités peuvent en outre facturer un montant additionnel équivalent, au maximum, à 10% des montants forfaitaires.

Pour les personnes qui sont à rédiger un mémoire ou une thèse, une fois le montant relatif au nombre d'unités payé, le montant forfaitaire à régler pour chaque trimestre additionnel varie d'une université à l'autre.

Un trimestre compte habituellement quinze unités. Une

année universitaire comprend deux trimestres ou, dans certains programmes, trois trimestres. Des dispositions particulières sont prévues pour les étudiantes et étudiants en médecine.

À ces montants il faut ajouter les frais de demande d'admission, qui varient entre 30 $ et 150 $ selon le programme d'études, ainsi que les frais afférents, les frais de matériel pédagogique, les cotisations aux associations étudiantes, qui varient entre 200 $ et 1 100 $ par trimestre, selon le programme d'études et l'établissement. Les étudiantes et étudiants étrangers doivent aussi ajouter les montants pour la prime d'assurance maladie et hospitalisation obligatoire qui sont d'environ 744 $ par année*.

* En vertu de l'entente France-Québec en matière de sécurité sociale, les élèves et étudiantes et étudiants de nationalité française (à l'exception des résidents des Territoires, Pays et Collectivité d'outre-mer) sont assurés par le régime d'assurance maladie du Québec.

5. L'aide aux étudiantes et étudiants étrangers

Le gouvernement du Québec met à la disposition des étudiantes et étudiants étrangers certaines mesures destinées à les aider dans la préparation et la poursuite de leurs études au Québec : des services d'accueil et de renseignements, un programme d'exemption des droits de scolarité supplémentaires et un programme de bourses d'excellence. Les établissements d'enseignement collégial et universitaire offrent également des services aux étudiantes et étudiants étrangers.

5.1. Les services d'accueil et de renseignements

Le ministère de l'Éducation, du Loisir et du Sport et le ministère de l'Immigration et des Communautés culturelles ont mis en place des services visant à renseigner les étudiantes et étudiants étrangers. Il est possible également d'obtenir des renseignements auprès d'une délégation du Québec ou de la mission diplomatique canadienne du pays concerné.

Par ailleurs, pour obtenir des renseignements sur les programmes d'études, les modalités d'inscription aux programmes ou les conditions relatives à la poursuite des études au Québec, on doit s'adresser directement à l'établissement de son choix.

5.2. Le Programme d'exemption des droits de scolarité supplémentaires

L'enseignement collégial et universitaire

Le Programme d'exemption des droits de scolarité supplémentaires ou exemption du montant forfaitaire permet à un nombre limité d'étudiantes et d'étudiants étrangers, qui sont des ressortissants de pays avec lesquels le Québec a conclu une entente de coopération en matière d'éducation et de formation, d'être exemptés du montant forfaitaire qui est exigé des étudiants étrangers. Leurs droits de scolarité sont alors les mêmes que ceux exigés des étudiantes et étudiants québécois. Ils doivent également assumer les autres frais liés à leur inscription : frais afférents, frais de matériel pédagogique, cotisations aux associations étudiantes et prime d'assurance maladie et hospitalisation.

L'exemption est accordée conformément aux dispositions

de l'entente en vigueur. Pour en savoir davantage sur ce programme, connaître les pays qui ont signé une entente et vérifier si elle est toujours en vigueur, les étudiantes et étudiants étrangers doivent s'informer auprès des autorités de leur pays ou consulter, dans le site Internet du ministère de l'Éducation, du Loisir et du Sport, la page «Programme d'exemption des droits de scolarité supplémentaires ou exemption du montant forfaitaire – Document d'information à l'attention des étudiants étrangers» à l'adresse suivante : www.mels.gouv.qc.ca/ens-sup/ens-univ/coop.asp.

5.3. Le Programme de bourses d'excellence pour étudiants étrangers

Le Programme de bourses d'excellence pour étudiants étrangers (PBEEE) vise à soutenir l'internationalisation des activités de formation ou de recherche des universités et des centres de recherche québécois. Il est mis à la disposition des professeures et professeurs et des chercheuses et chercheurs des établissements universitaires de même que des centres collégiaux de transfert de technologie (CCTT) qui veulent attirer des étudiantes et étudiants, ainsi que des chercheuses et chercheurs et des administratrices et administrateurs de haut calibre.

Ce programme comprend trois catégories de bourses :

- Les bourses pour des études de doctorat

  Les bourses pour des études de doctorat s'adressent aux étudiantes et étudiants étrangers les plus méritants. Elles sont d'une durée maximale de trois ans avec la possibilité d'une prolongation de douze mois.

- **Les bourses pour de la recherche postdoctorale**

  Les bourses pour de la recherche postdoctorale s'adressent aux chercheuses et chercheurs débutants dont les compétences pour la recherche scientifique sont reconnues et qui ont obtenu leur doctorat depuis au plus deux ans à la date de fermeture du concours. Elles sont d'une durée maximale de douze mois et ne sont pas renouvelables.

- **Les bourses pour de courts séjours de perfectionnement ou de recherche scientifique**

  Les bourses pour de courts séjours de perfectionnement ou de recherche scientifique procurent un soutien financier aux étudiantes et étudiants de niveau technique et aux chercheuses et chercheurs ayant terminé un doctorat à la date de fermeture du concours. Elles sont d'une durée maximale de quatre mois et ne sont pas renouvelables.

  Les bourses offertes dans le cadre de ce programme visent en priorité à soutenir les échanges qui découlent d'ententes conclues entre des universités ou des laboratoires québécois et étrangers. La gestion de ce programme du ministère de l'Éducation, du Loisir et du Sport est confiée au Fonds québécois de recherche sur la nature et les technologies (FQRNT).

  Les candidates et candidats sont admissibles à ce programme sur recommandation d'une professeure ou d'un professeur ou encore d'une chercheuse ou d'un chercheur d'une université québécoise ou du Réseau Trans-tech pour les CCTT. Par la suite, le choix des boursières et boursiers est confié à des jurys d'évaluation et de sélection du FQRNT. Pour obtenir de plus amples renseignements à ce sujet, veuillez consulter le site Internet du FQRNT à l'adresse suivante : www.fqrnt.gouv.qc.ca/.

6. Les programmes d'échanges

En plus de la possibilité de s'inscrire à un programme de formation et de poursuivre ses études dans un établissement d'enseignement du Québec en vue d'obtenir un diplôme, les étudiantes et étudiants étrangers peuvent faire le choix de participer à un programme d'échange.

Les échanges d'étudiants sont possibles en vertu :

- d'ententes ou d'accords relatifs à la mobilité étudiante et conclus entre des établissements ;

- d'enseignement supérieur du Québec et des établissements étrangers ;

- d'ententes que la Conférence des recteurs et des principaux des universités du Québec (CREPUQ) ou Cégep international ont signées avec des établissements étrangers.

Un programme d'échange permet aux étudiantes et étudiants étrangers de réaliser une partie de leur formation dans un établissement d'enseignement du Québec (établissement d'accueil) tout en demeurant inscrits dans un établissement de leur pays d'origine (établissement d'attache). L'étudiante ou l'étudiant paie ses droits de scolarité à son établissement d'attache.

La durée de l'échange ne peut excéder deux trimestres. Les activités (cours ou stages) réalisées dans le cadre de l'échange doivent être reconnues par l'établissement d'attache.

Pour obtenir de plus amples renseignements sur les programmes d'échanges offerts dans le réseau des établissements d'enseignement supérieur du Québec, veuillez consulter le site Internet de la CREPUQ (www.crepuq.qc.ca) ou, pour les établissements d'enseignement collégial, celui de Cégep international à l'adresse suivante : www.cegepinternational.qc.ca.

7. La vie au Québec

7.1. L'arrivée

7.1.1. Les formalités

À leur arrivée à l'Aéroport international Pierre-Elliott-Trudeau de Montréal, les étudiantes et étudiants étrangers doivent présenter :

- leur permis d'études ou une lettre d'autorisation de Citoyenneté et Immigration Canada et, s'il y a lieu, leur visa de résident temporaire ;
- leur CAQ pour études, s'il y a lieu ;
- leur passeport valide pour la période de séjour prévue ;
- l'avis officiel d'admission dans un établissement d'enseignement du Québec

Il est important d'avoir ces documents avec soi plutôt que dans ses bagages.

À l'aéroport, les étudiantes et étudiants peuvent demander au personnel des services d'immigration du Québec les renseignements qui leur permettront de s'orienter vers le collège ou l'université qu'ils vont fréquenter ainsi que l'aide nécessaire pour trouver, au besoin, un logement temporaire.

Il est recommandé d'arriver au Québec au moins deux semaines avant le début des cours pour se familiariser avec l'établissement d'enseignement, le lieu de résidence, les services d'appoint, les moyens de transport et les horaires, etc. L'arrivée devrait se faire à la mi-août pour le trimestre d'automne ou au début de janvier pour le trimestre d'hiver.

Il est à noter que les cours sont suspendus dans les universités et les collèges pendant les vacances de Noël et du Nouvel An.

7.1.2. Les douanes

Les étudiantes et étudiants étrangers doivent dresser la liste de tous les effets personnels qu'ils transportent avec eux ou qui ont été expédiés par fret maritime ou aérien. À leur arrivée, ils doivent présenter cette liste à l'agent de Citoyenneté et Immigration Canada. L'importation de certains articles, notamment les plantes, les fruits, la viande et ses dérivés, est interdite. Il en va de même pour les armes à feu.

7.2. Les conditions de séjour

7.2.1. La monnaie

L'unité monétaire qui a cours au Québec est le dollar canadien ($ CA). Un dollar est divisé en 100 cents. Il exsite des pièces de 1, 5, 10 et 25 cents, des pièces de 1 et 2 dollars ainsi que des billets de 5, 10, 20, 50, 100 et 1 000 dollars. La valeur du dollar par rapport aux monnaies étrangères fluctue fréquemment.

Le taux de change du dollar canadien ($ CA) peut être obtenu dans la majorité des sites Internet spécialisés dans la conversion des monnaies, dont le suivant : www.oanda.com

7.2.2. Le transfert de fonds

L'élève peut s'adresser à un établissement financier pour obtenir des renseignements relatifs au transfert de fonds d'une banque de son pays d'origine à un établissement financier situé au Québec. L'établissement d'enseignement pourra donner le nom et l'adresse des établissements financiers situés à proximité du lieu d'études.

7.2.3. Le logement

L'élève qui prévoit loger à la résidence de son collège ou de son université doit réserver une chambre le plus tôt possible, une fois son admission confirmée par l'établissement d'enseignement. Pour la location d'une chambre ou d'un logement à l'extérieur du campus, la plupart des collèges et des universités offrent un service auquel l'élève peut s'adresser.

7.2.4. La nourriture

Le prix des repas est variable. Le repas le plus économique coûte environ 8 $, auxquels il faut ajouter les taxes provinciale et fédérale, qui totalisent 15%, et le pourboire, généralement de 15%. Le calcul du pourboire se fait sur le montant de l'addition avant les taxes. Le pourboire est donc égal au total des taxes.

La plupart des collèges et des universités abritent des cafétérias où l'on peut se restaurer à relativement bon compte et où un pourboire n'est généralement pas requis. La façon la moins coûteuse de se nourrir demeure cependant le repas préparé à la maison.

7.2.5. Les vêtements

Le Québec est connu pour son hiver rigoureux : le mercure peut descendre occasionnellement jusqu'a -30℃. Certaines conditions peuvent augmenter le facteur de refroidissement, comme le vent et l'humidité. Anoraks, Iainages, bottes fourrées, mitaines (moufles) et bonnets de laine sont donc indispensables. Il est recommandé de se procurer ces vêtements au Québec, car ils y sont abondants, variés et adéquats. En été, soit de juin à septembre, la température varie entre 16℃ et 30℃. Les vêtements légers sont alors tout à fait appropriés ; il faut prévoir aussi des vêtements de pluie. En général, les élèves québécois s'habillent de façon décontractée.

7.2.6. Les services de garde

Au Québec, il n'exsite pas de réseau universel de services de garde. Les parents qui souhaitent avoir recours à un service de garde éducatif pour leur enfant âgé de moins de 5 ans peuvent faire une demande auprès d'un centre de la petite enfance, d'une garderie ou d'un service de garde en milieu familial. Presque tous les établissements d'enseignement universitaire du Québec offrent des services de garde. Cependant, vu le nombre restreint de places disponibles, il est préférable de s'inscrire et de réserver une place le plus tôt possible. Vous trouverez également des services de garde à l'extérieur des campus. Le gouvernement impose des normes relatives à la qualité des services de garde, mais ces services ne sont pas administrés par l'État. Les tarifs et les services offerts peuvent varier mais sont généralement établis à 7 $ par jour pour chaque enfant.

7.2.7. L'assurance maladie et hospitalisation

En vertu d'un règlement du ministère de l'immigration et des Communautés culturelles du Québec, les élèves étrangers doivent faire la prevue qu'ils disposent d'une assurance maladie et hospitalisation ou des fonds nécessaires à son achat auprès d'une compagnie d'assurance canadienne, pour eux-mêmes et pour les membres de leur famille qui les accompagnent, et ce, pour toute la durée de leur séjour au Québec. S'ils viennent de pays ayant conclu une entente avec la Régie de l'assurance maladie du Québec, ils ne sont pas soumis à cette obligation.

La prime d'assurance pour une personne est d'environ 744 $ par année. Pour qui a un conjoint ou une conjointe et des membres de la famille qui l'accompagnent, les frais peuvent varier entre 1 150 $ et 2 150 $ par année, selon les compagnies et le nombre de personnes. Il est recommandé de communiquer avec le service aux élèves de son établissement d'enseignement afin de connaître les compagnies qui offrent cette assurance, ainsi que les coûts et les modalités d'acquisition de celle-ci. Une preuve de cette assurance est exigée au moment de l'inscription, au début de chaque année scolaire.

7.2.8. Les frais de séjour

En plus des droits de scolarité et des frais relatifs aux études, l'élève doit prévoir les dépenses suivantes : frais de transport ; prime d'assurance maladie et hospitalisation, s'il y a lieu ; frais d'installation pour la première année et de subsistance pour toute la durée du séjour.

7.2.9. Le travail

Les étudiantes et étudiants étrangers qui désirent poursuivre leurs études au Québec doivent s'engager à faire des études leur principale activité. Ils doivent donc prouver qu'ils disposent, sans qu'il leur soit nécessaire d'exercer un emploi, des ressources suffisantes pour acquitter les droits de scolarité et subvenir à leurs besoins essentiels ainsi qu'à ceux des personnes à leur charge pendant toute la durée des études.

Néanmoins, dans certains cas, l'étudiante ou l'étudiant peut se voir autorisé à travailler pendant ses études afin d'obtenir des revenus supplémentaires et d'acquérir une expérience de travail.

7.3. Les possibilités d'emploi

Citoyenneté et Immigration Canada a instauré plusieurs programmes permettant aux étudiantes et étudiants étrangers d'occuper un emploi durant ou après leurs études sous certaines conditions.

Les étudiantes et étudiants étrangers qui souhaitent se prévaloir des programmes qui ont été mis en place doivent toutefois avoir obtenu un permis de travail de Citoyenneté et Immigration Canada avant d'occuper l'emploi, sauf pour travailler sur le campus de leur établissement d'accueil.

En plus de satisfaire aux exigences spécifiques des différents programmes, les étudiantes et étudiants étrangers doivent être titulaires d'un permis d'études valide et être inscrits à temps plein dans un établissement d'enseignement participant.

7.3.1. Le travail sur le campus

Les étudiantes et étudiants étrangers peuvent, sous certaines conditions, occuper un emploi sur le campus de l'établissement d'enseignement qu'ils fréquentent, sans permis de travail, s'ils sont titulaires d'un permis d'études valide et qu'ils poursuivent des études à temps plein.

Pour de plus amples renseignements au sujet du travail sur le campus, veuillez consulter le site Internet de Citoyenneté et Immigration Canada à l'adresse suivante : www.cic.gc.ca/francais/etudier/travailler-surcampus.asp

7.3.2. Le programme de permis de travail hors campus

Pour être admissible à un permis de travail hors campus, les étudiantes et étudiants étrangers doivent avoir terminé, au cours des douze mois précédant leur demande, au moins six mois d'études à temps plein dans un établissement participant au programme. Ils doivent aussi avoir poursuivi leurs études à temps plein et avoir obtenu des résultats scolaires satisfaisants.

Le permis de travail autorise l'étudiante ou l'étudiant à travailler un maximum de 20 heures par semaine durant les sessions d'études régulières et à temps plein durant les vacances prévues au calendrier scolaire (comme le congé des fêtes, les vacances d'été et la semaine de relâche à l'automne et à l'hiver).

Vous pouvez consulter la liste des établissements participants en visitant le site Internet du ministère de l'Immigration et des Communautés culturelles à l'adresse suivante : www.immigration quebec.gouv.qc.ca

7.3.3. Le permis de travail pour les programmes d'études coopératifs et les programmes d'études avec stages

Certains programmes d'études exigent une expérience professionnelle. C'est le cas des programmes d'études coopératifs et des programmes comportant un stage obligatoire.

Les étudiantes et étudiants étrangers inscrits à un programme de ce type doivent, avant d'entreprendre le travail coopératif ou le stage, obtenir un permis de travail. La demande de permis de travail peut se faire au même moment que la demande de permis d'études.

Pour obtenir de plus amples renseignements sur le programme, veuillez consulter le site Internet de Citoyenneté et Immigration Canada à l'adresse suivante : www.cic.gc.ca/francais/etudier/travailler-coop.asp

7.3.4. Le programme de permis de travail post-diplôme

Après avoir terminé un programme d'études dans un établissement d'enseignement du Québec, les étudiantes et étudiants étrangers peuvent, sous certaines conditions, obtenir un permis de travail post-diplôme dont la durée de validité peut s'étendre jusqu'à trois ans. Le programme de permis de travail post-diplôme permet à l'étudiante ou l'étudiant d'accquérir une expérience de travail au Québec.

L'autorisation de travailler n'est accordée qu'une seule fois au cours du séjour au Québec. La demande doit être adressée à Citoyenneté et Immigration Canada dans un délai de 90 jours à partir de la plus rapprochée des deux dates suivantes : celle de la réception par l'étudiante ou l'étudiant d'un relevé de notes officiel de l'établissement d'enseignement ou celle de la réception d'une lettre de l'établissement d'enseignement confirmant qu'elle ou il a rempli toutes les exigencies établies pour l'obtention de son diplôme.

Pour obtenir de plus amples renseignements au sujet de ce programme, veuillez consulter le site Internet de Citoyenneté et Immigration Canada à l'adresse suivante : www.cic.gc.ca/francais/etudier/travailler-post.asp

7.3.5. Le permis de travail pour conjointe ou conjoint

Les conjoints qui accompagnent les étudiantes et étudiants étrangers titulaires d'un permis d'études valide sont autorisés à demander un permis de travail leur permettant d'occuper tout emploi. Il en va de même pour les conjoints qui accompagnent les étudiantes et étudiants étrangers titulaires d'un permis de travail post-diplôme valide.

La demande pour un permis de travail peut être adressée au bureau canadien des visas à l'étranger avant l'arrivée au Québec ou à Citoyenneté et Immigration Canada après l'arrivée.

Pour obtenir de plus amples renseignements sur ce programme, veuillez consulter le site Internet de Citoyenneté et Immigration Canada à l'adresse suivante : www.cic.gc.ca/francais/etudier/travailler-epoux.asp

VI

LE CARNAVAL D'HIVER

1. Histoire du plus grand carnaval d'hiver au monde

Dès les débuts de la colonie française, les habitants de la Nouvelle-France avaient pris l'habitude de se réunir pour fêter un bon coup, juste avant la période du carême. Déjà, à cette époque, le carnaval – un mot d'origine italienne qui signifie mardi gras – désignait cette période intense de célébrations. La tradition de fêter de la fin janvier jusqu'à la mi-février ne date pas d'hier.

À Québec, dans la Capitale mondiale de la neige, le premier grand carnaval d'hiver est lancé en 1894. Ainsi, une population souvent éprouvée par les rigueurs hivernales, ranimait une tradition populaire et mettait sur pied une fête des neiges qui réchaufferait les cœurs. Interrompu par les deux guerres et la grande crise économique de 1929, le Carnaval resurgit sporadiquement jusqu'à la deuxième moitié du siècle. En 1954, dans une perspective de développement économique de la Vieille Capitale, un groupe de gens d'affaires relance la fête. Bonhomme naît en 1954 et est élu représentant de l'événement. La première édition du Carnaval d'hiver de Québec a lieu en 1955. Le Carnaval de Québec devient alors une manifestation incontournable pour la population de Québec et un moteur de l'activité touristique hivernale de la ville.

D'un hiver à l'autre, la programmation du Carnaval s'est enrichie. On a ajouté aux activités populaires que sont les sports d'hiver, la sculpture sur neige et autres, des activités puisées dans le mode de vie folklorique québécois, comme la course en canot et la course en traîneaux à chiens.

Aujourd'hui, le Carnaval de Québec est le plus grand carnaval d'hiver au monde et obtient la troisième place au palmarès des grands carnavals, suivant de près les célèbres carnavals de Rio et de la Nouvelle-Orléans.

2. De 1893 à 2004

Au début des années 1890, l'économie tourne au ralenti en Amérique du Nord. La région de Québec est particulièrement touchée avec la fermeture définitive de ses chantiers navals et le début des difficultés de l'industrie de la chaussure. Le 19 octobre 1893, le propriétaire du *Québec Daily Telegraph*, Frank Carrel, lance l'idée dans les colonnes de son journal d'un nouveau carnaval à Québec.

3. Où voir Bonhomme ?

Durant la période hors carnavalesque, Bonhomme voyage à travers le monde. Tout au long de l'année, vous serez informé de ses déplacements et pourrez alors lui rendre visite !

4. Qui est Bonhomme Carnaval ?

Bonhomme est une réplique vivante du Bonhomme de neige qui a enchanté l'enfance de tous les Québécois. Bonhmme Carnaval est le symbole des festivités de cette joyeuse période de l'année. Vêtu de blanc, portant la tuque rouge et la ceinture fléchée des héros de notre histoire,` il incarne la joie de vivre des

Québécois. Environ un mois avant le début du Carnaval, il fait son entrée dans la ville pour donner aux gens un avant-goût du Carnaval.

Durant le Carnaval, Bonhomme est en quelque sorte le roi de la fête. Lors de son entrée officielle dans la Capitale, le maire de Québec lui remet les clés de la ville et ce geste en fait le maître incontesté des réjouissances.

Au Carnaval de Québec, Bonhomme est la figure dominante des activités. Il n'est pas une simple mascotte, au contraire, il pose des gestes officiels et il prend la parole pour et au nom du Carnaval. Il est partout, même hors des frontières de la ville, il est l'ambassadeur le plus prestigieux de 1a fête.

VII

LA CULTURE QUÉBÉCOISE

1. Langue

Problème d'ordre démographique, économique, sociopsychologique, culturel, juridique et politique, la situation de la langue au Québec est complexe. Les linguistes l'analysent de façon scientifique et objective pendant que les politiciens lui donnent une fonction idéologique et que les littéraires fixent et transforment l'usage.

Historiquement, la Conquête a permis aux Anglais de dominer les Québécois pendant deux siècles ; l'anglais fut, à partir de ce moment, la langue du pouvoir économique. Le «choc des langues» qui a résulté de cette situation témoigne de la lutte d'un peuple contre l'assimilation. Coupée de ses racines françaises, la langue québécoise devra évoluer en marge du français international et affirmer sa spécificité. La poussée industrielle du début du 20e siècle menace la main-d'œuvre bon marché d'anglicisation. En 1902, on crée la Société du parler français au Canada qui se donne pour but l'étude, le perfectionnement et la protection du français canadien. Malgré tout, jusqu'en 1960, la question de la langue semble se limiter aux querelles littéraires et à la rhétorique nationaliste.

Le développement de l'État québécois et la scolarisation massive de la population pendant la Révolution tranquille relanceront le débat linguistique. Sous le pseudonyme de Frère Untel, un enseignant des Écoles chrétiennes emprunte à André Laurendeau le terme de *joual* et, montrant combien ses élèves écrivent et parlent mal, déclenche la bataille.

La querelle sur le joual, nourrie par les journaux, alimente plusieurs polémiques. Personne ne s'entend pour définir exactement le joual : couvre-t-il tout le lexique québécois ou correspond-il uniquement à un langage montréalais troué d'anglicismes ? S'agit-il d'une langue nouvelle, d'un patois ou d'un niveau de langue ? Linguistes et essayistes multiplient les prises de position. Le débat s'élargit, la question linguistique n'étant qu'un élément d'un problème social plus profond.

Au point de vue linguistique, les particularités de la langue québécoise ne sont ni lexicales, ni syntaxiques, ni morphologiques, mais plutôt phonétiques. Le vocabulaire, sauf un certain nombre d'anglicismes variable suivant les régions, est surtout caractérisé par des archaïsmes d'origine rurale encore localisables dans quelques provinces de France. À cela s'ajoute la nécessité de nom-

mer ces nouvelles réalités que sont les bancs de neige, la poudrerie, l'érablière, l'orignal... La syntaxe emprunte parfois à l'anglais ou à l'américain certaines tournures, sans pour autant s'écarter de la phrase française. Trouée d'abréviations, la morphologie est souvent elliptique, parfois heurtée, syncopée.

L'accent québécois, comme l'accent marseillais ou belge, est par contre immédiatement détectable. Il s'agit d'un ton et d'un rythme qui, joints à des phénomènes comme la nasalisation, la diphtongaison, le déplacement de l'accent tonique, obligent l'étranger à une relative période d'adaptation. Une fois l'oreille rompue à ces particularismes, on se rend compte que le parler québécois n'est ni un dialecte, ni un patois, ni, encore moins, une langue autonome, distincte du français.

Dans le domaine littéraire, l'incidence du joual est manifeste. Longtemps les Québécois se sont demandé s'ils possédaient une littérature distincte de la littérature française. Les écrivains oscillaient entre l'universalisme (beauté du français international) et le régionalisme (exotisme et pittoresque). Ils constataient le hiatus qui existait alors entre langue parlée et langue écrite au Québec. Autour de *Parti pris*, des auteurs comme Jacques Renaud et André Major veulent dévoiler les contradictions de notre langue pour ensuite les dépasser.

Ce débat était nécessaire pour vider l'abcès d'une langue en souffrance. Les Québécois peuvent maintenant tenter de définir une langue française spécifique à un peuple nord-américain. Non pas une langue nouvelle, mais une langue différente qui se développe dans le contexte où elle évolue.

La langue, expression culturelle et politique, demeure un problème discuté. La somme de répertoires et de dictionnaires essayant de cerner sa spécificité, la multiplicité des jugements, les enquêtes en vue de mieux situer sa représentativité témoignent d'un questionnement permanent. Deux commissions importantes ont été mises sur pied : la Commission royale d'enquête sur le bilinguisme et le biculturalisme (1963-1970), qui institutionnalise deux langues officielles au Canada, et la Commission d'enquête sur la situation de la langue française et les droits linguistiques au Québec (1968-1972) qui ouvre de nouvelles perspectives par ses études multidisciplinaires.

Des organismes officiels sont fondés : l'Office québécois de la langue française, à partir de 1961, est chargé de veiller à la correction et à l'enrichissement de la langue parlée et écrite et joue un rôle déterminant en matière de terminologie. Plus récemment, le Conseil supérieur de la langue française a été institué pour conseiller le gouvernement du Québec sur la politique relative à l'interprétation et à l'application de la loi 101. Cette *Charte de la langue française*, adoptée en 1977, après les batailles épiques des lois 63 (1969) et 22 (1974), représente l'aboutissement de longs débats. Elle régit les droits des citoyens, le monde du travail, de la consommation, de l'enseignement, et fait du français la langue de l'État et de la loi.

2. Cinéma

Les problèmes du cinéma[12] au Québec au niveau du financement, de la distribution et de la situation culturelle ont toujours été nombreux. Les premiers viennent du clergé. En 1906, Ernest Ouimet ouvre la première salle de cinéma à Montréal et rapidement les salles prolifèrent. Mais l'Église, Mgr Bruchési en tête, lance la première offensive, interdisant aux catholiques d'aller au cinéma, «spectacle immoral et dénationalisateur» (sic) comme l'écrira Euclide Lefèbvre dans *Le cinéma corrupteur*. Les attaques du clergé sont à ce point soutenues et constantes qu'en 1926, les distributeurs américains, se plaignant de la censure, menacent de boycotter la province de Québec. Ce n'est que vers 1939 que le harcèlement s'atténuera. Ouimet, quant à lui, s'exilera à Hollywood après sa faillite de 1921.

Déjà bloqués par la censure, écrasés culturellement et économiquement par les États-Unis, les cinémas canadiens et québécois prennent du temps à démarrer, malgré les travaux isolés de pionniers tels que l'abbé Maurice Proulx et Mgr Albert Tessier. En 1938, le Britannique John Grierson, après avoir étudié la situation, remet un rapport détaillé qui est à la base de la création de l'Office national du Film (ONF), dont le rôle ne se limite pas à donner des avis et à planifier la production cinématographique gouvernementale. Cet organisme, lieu de production, diffuse ses films et en fait produire par des agents extérieurs. En

12. Le cinéma demeure la sortie la plus populaire, malgré une baisse régulière des entrées d'année en année. L'offre demeure toutefois abondante, et le nombre de projections dans les cinémas et les ciné-parcs est en augmentation. En 2008, il avoisinait le million de représentations, dont 74% étaient en français.

1941, est créé le Service de Cinéphotographie qui deviendra en 1961 l'Office du film du Québec (OFQ).

En 1956, l'ONF déménage à Montréal, regroupe ses services, revitalise la production. Si ce transfert n'est pas à l'origine de l'équipe française de l'ONF (qui n'apparaîtra qu'en 1964), il en a facilité la venue. La majorité des cinéastes québécois y sont passés ou y ont fait des incursions remarquées. Avec plus de 3 000 films à son actif, l'ONF a touché une foule de sujets et affirmé différentes tendances selon les époques. Surtout composée au début de courts métrages documentaires, la production a laissé une place de plus en plus grande aux films de fiction et aux longs métrages, sans jamais négliger l'animation (Norman McLaren). Souvent controversé à cause de certaines décisions et de son statut institutionnel, le rôle fondamental de l'ONF ne peut être nié.

Le film de fiction québécois connaît sa première vague de 1944 à 1953, à partir d'*À la croisée des chemins* de Jean-Marie Poitevin, film de propagande religieuse visant à susciter les vocations missionnaires. Le cinéma québécois ne démarre vraiment qu'au début des années soixante avec *À tout prendre* de Claude Jutra et *Pour la suite du monde* de Pierre Perrault et Michel Brault (1963), qui remportent les prix les plus importants du premier Festival du cinéma canadien.

L'éducation cinématographique se fait par le biais des ciné-clubs dans les années cinquante et soixante. D'eux naîtra la revue *Séquences*. Les cinémas d'art et de répertoire par contre se sont développés très rapidement depuis une dizaine d'années. Lancée au milieu des années soixante par le Verdi, qui deviendra par la suite l'Outremont, la vague des salles de répertoire s'est imposée et le public n'a cessé de croître.

L'État, à travers l'OFQ, l'ONF, l'Institut québécois du cinéma, Radio-Canada, la Société de développement de l'industrie cinématographique canadienne, demeure le plus gros producteur. Se décidant enfin à devancer Ottawa, le Gouvernement du Québec s'est donné de nouvelles institutions depuis quelques années : dépôt en 1975 de la loi sur le cinéma, création de l'Institut et de la Direction générale du cinéma et de l'audiovisuel, organisme remplacé dernièrement par une nouvelle Direction de la cinématographie, chargée de l'élaboration des politiques et des programmes, avec fonction de conseiller le ministre des Affaires culturelles. Les coopératives et les distributeurs indépendants tentent de sortir des circuits officiels, mais des problèmes, surtout économiques, bloquent production et diffusion.

Des changements à la loi sont venus offrir des abris fiscaux intéressants aux investisseurs de tout acabit. Les politiques gouvernementales ont ainsi favorisé des investissements dans le cinéma de l'ordre d'environ 6,5 millions $ en 1977, 65 millions $ en 1978, et 150 millions $ en 1979. Connaissant mal le milieu, les maisons de courtage n'ont pu sentir les tendances du marché. Résultat : 50% des films restent sur les tablettes, 25% sont des échecs financiers. Il faudra au cinéma québécois un nouveau départ, sur des bases à la fois modestes et solides.

TRISTAN
CINÉMA
Banque Scotia
Cinéma Banque Scotia
DIVERTISSEMENT
RESTAURANTS

3. Musique classique et contemporaine

Jusqu'au début des années trente, la vie musicale au Québec s'organise difficilement. Pourtant, dès 1904, le Conservatoire de l'Université McGill, auquel se rattachera le Montreal Orchestra (1930), dispense des cours de qualité. L'enseignement y étant assumé presque en entier par une équipe de professeurs venus d'Angleterre, l'école attire peu de francophones. La ville de Québec présente une vie musicale plus homogène que la métropole : l'Orchestre symphonique de Québec op ère depuis 1902 avec des intermittences ; son école d'organistes est une véritable institution ; l'enseignement de la musique à l'Université Laval est mieux coordonné qu'ailleurs ; certains musiciens francophones commencent à se faire connaître. Malgré la fondation des Concerts symphoniques de Montréal (1934) et du Festival de Montréal (1936), il faudra attendre la création du Conservatoire de musique de la Province de Québec (1943) pour assister à la naissance d'un véritable milieu musical autonome.

Jusqu'en 1940, il y a peu d'œuvres de création. L'esprit de recherche qui passionne l'Europe (Honegger, Milhaud, Stravinsky) ne touche pas le Québec où les compositeurs ne sortent guère des sentiers battus. Quelques rares bons compositeurs, comme Rodolphe Mathieu, font jouer leurs œuvres dans l'indifférence générale. La situation change avec Claude Champagne, dont l'influence sera déterminante. Ce compositeur, doublé d'un pédagogue qui connaît bien le milieu, met sur pied un enseignement rigoureux, scientifique. Après avoir été directeur adjoint au Conservatoire, il organise l'enseignement à l'École Vincent-d'Indy. La génération de 1940, celle des Jean Vallerand, Alexander Brott et Jean Papineau-Couture, évolue vers une plus grande liberté tonale. Ces personnalités, qui allient aux talents de compositeur ceux de pédagogue, voire de critique, découvrent la musique sérielle et dodécaphonique. La génération de 1950 (Serge Garant, Pierre Mercure, Clermont Pépin, Gilles Tremblay) poursuit systématiquement cette exploration. Maryvonne Kendergi, présidente actuelle de la SMCQ, a joué un rôle important comme professeur et animatrice.

En même temps que l'enseignement s'améliore, la vie musicale se développe. À partir des années quarante, l'Orchestre de chambre McGill commence à donner des concerts publics. Cinq ans après leur fondation en Belgique et en France, les Jeunesses musicales, apparues au Canada en 1949, acquièrent rapidement une grande popularité : des récitals sont présentés aux auditoires les plus variés et le Camp du Mont Orford offre chaque été un programme d'enseignement diversifié.

Les différentes institutions se structurent. Les Concerts symphoniques, fondés par le chef de renommée internationale Wilfrid Pelletier et madame Athanase David, deviennent l'Orchestre symphonique de Montréal (OSM), qui donnera sa pleine mesure lors de son installation à la Place des Arts en 1960. Radio-Canada favorise la formation du public en présentant régulièrement des émissions de musique à la radio, puis en enregistrant des spectacles pour la télévision : opéras, ballets, pièces orchestrales. Son concours annuel couronne de jeunes instrumentistes.

À la suite d'Emma Albani au 19e siècle, plusieurs chanteurs d'opéra font une brillante carrière à l'étranger : Raoul Jobin, Pierrette Alarie, Huguette Tourangeau, Joseph Rouleau et surtout Léopold Simoneau. Malgré ces réussites et la création de l'Opéra de Montréal (1980), on attend toujours la première salle d'opéra permanente au Québec.

L'Exposition universelle de 1967 permet l'aboutissement de divers travaux. Plus influencés par les compositeurs modernes européens (Boulez, Messiaen) qu'américains, de jeunes auteurs mettent à profit la science, utilisent les mathématiques dans des recherches sonores sur l'électronique et l'électro-acoustique, font une synthèse des voix, des instruments, de la bande magnétique, des objets lumineux. Pour la première fois, le grand public peut assister aux résultats de ces recherches. Un certain nombre d'interprètes classiques émergent à la même époque, surtout en piano (Henri Brassard, André Laplante, Pierre Lortie) et en orgue ou clavecin (Bernard et Mireille Lagacé, Kenneth Gilbert). La grande qualité des orgues des églises montréalaises (Oratoire Saint-Joseph, Église Notre-Dame, Cathédrale Christ Church) n'est certes pas étrangère à ce dernier développement.

Fondée dans le but de favoriser la diffusion d'œuvres modernes, la Société de musique contemporaine du Québec (SMCQ) vise à rendre la vie musicale moins conservatrice, moins routinière. Les concerts de la SMCQ veulent présenter les différentes recherches musicales du 20e siècle. Malgré le conservatisme habituel de l'OSM, son nouveau chef, Charles Dutoit, cherche à intéresser le public aux nouvelles tendances. Certains échanges fructueux entre l'OSM et la SMCQ témoignent de cette ouverture. Signalons enfin qu'une encyclopédie de la musique canadienne paraîtra bientôt en français.

4. Traductions

On peut situer les débuts de l'histoire de la traduction en 1764, avec la fondation de *La Gazette de Québec*, bilingue. Celle-ci, devenue très tôt unilingue anglaise, paraît jusqu'en 1874.

Le premier traducteur officiel, François-Joseph Cugnet (1720-1789), vu ses fonctions administratives, n'a pas de véritables préoccupations littéraires ; la langue de la traduction est alors une langue à part, possédant uniquement une valeur légale, informative. La Conquête ayant offert une nouvelle carrière aux Canadiens, plusieurs noms s'ajoutent à celui de Cugnet : Xavier de Lanaudière, Philippe Aubert de Gaspé, Charles-Pierre Frémont.

De 1791 à 1851, on peut parler de période noire : les traductions officielles sont truffées d'horreurs. La reprise des relations avec la France en 1855 est salutaire. De 1850 à 1867, François-Xavier Garneau, Antoine Gérin-Lajoie et Guillaume Lévesque sont traducteurs officiels. La qualité de leurs travaux entraîne une nette amélioration des traductions parlementaires.

C'est à la fin du 19e siècle que s'amorce un début de véritable traduction littéraire. Pamphile Lemay traduit *The Golden Dog* de Kirby et *Evangeline* de Longfellow ; Joseph-Édouard Lefebvre de Bellefeuille traduit les romans de Rosanna Leprohon (*Antoinette de Mirecourt* en 1865). Cette amélioration est attribuable au réveil de la vie intellectuelle. Malgré tout, avant 1920, seulement dix œuvres sont traduites en anglais et deux en français.

Entre 1920 et 1960, 39 œuvres sont traduites en anglais et neuf en français. La croissance est lente et le choix des œuvres disparate. En effet, les auteurs anglais les plus traduits sont Mazo de la Roche, Arthur Hailey et Malcolm Lowry !

Depuis 1960, la situation s'améliore. À partir de 1971, le Conseil des Arts accorde systématiquement aux éditeurs canadiens des subventions à la traduction. De plus, le Conseil décerne depuis 1974 deux prix de traduction par année (dans chacune des deux langues officielles). Par ailleurs, le Conseil prépare un programme d'aide à la traduction internationale, pour stimuler la diffusion d'ouvrages canadiens dans une langue étrangère.

Les subventions accordées pour la traduction ont été récemment uniformisées à une rémunération de sept cents le mot. Ce tarif s'applique à toute forme d'écriture, peu importe les difficultés de l'œuvre. Une telle mesure défavorise évidemment la traduction poétique, théâtrale et la traduction de la littérature pour enfants. Depuis 1975, l'Association des traducteurs littéraires/Literary Translator's Association vise à promouvoir la qualité des traductions littéraires, à fournir aux traducteurs un lieu propice aux échanges d'idées et d'informations et, finalement, à représenter les droits des traducteurs littéraires. Ils tentent de faire reconnaître la dimension créatrice de leur travail et, avec l'Union des écrivains québécois, réclament une amélioration de leur statut socio-économique. Malgré ces problèmes, le Québec compte de nombreux traducteurs littéraires de qualité : Alan Brown, Sheila Fischman, Jean Simard, Michel Beaulieu, Raymond Chamberlain, Philip Stratford, John Van Burek, Larry Shouldice...

La section traduction est généralement un élément accessoire du programme des éditeurs. Ironiquement, les deux seuls éditeurs qui s'intéressent de façon systématique à la traduction québécoise sont torontois : Frank Davey (Coach House Press) et Barry Callaghan (Exile Editions). Ils traduisent, généralement avec succès, des poètes, souvent marginaux, et des romanciers. D'autres maisons ont intégré une collection spéciale à leur catalogue : CLF («Deux solitudes»), Harvest House («French Writers of Canada»). Certains éditeurs publient périodiquement des œuvres traduites : Stanké, Québec/Amérique, L'Étincelle, Héritage.

Il existe deux périodiques de traduction au Québec. Celui de l'Université de Montréal, *Meta*, est surtout théorique. Certains de ses numéros thématiques sont particulièrement intéressants : «Histoire de la traduction au Canada» (dir. Paul Horguelin, mars 1977), «La traduction poétique» (dir. Daniel Slote, mars 1978). La vocation principale d'*Ellipse*, revue de l'Université de Sherbrooke, est la publication, dans chaque numéro, de traductions d'un poète canadien-anglais et d'un poète canadien-français.

Parmi les rares anthologies de traduction : *The Poetry of French Canada in Translation* de John Glassco, *Voices from Quebec* de Philip Stratford ou encore *Modern Poetry in Quebec* de Fred Cogswell. *Dialogue sur la traduction* est un échange de lettres entre Anne Hébert et Frank Scott lors de la traduction, par celui-ci, du *Tombeau des rois*. Cet ouvrage amorce une réflexion sur la traduction de la poésie à partir de détails précis.

Avec les années, le corpus des traductions s'est considérablement étoffé. Malheureusement, son expansion s'est faite de manière anarchique. L'asymétrie la plus frappante est celle qui existe entre le nombre de traductions en anglais et en français. En effet, en 1980, la somme des traductions littéraires atteignait 130 titres en anglais et 58 en français (dont six seulement en poésie !). Existe-t-il un intérêt commun, un lien véritable entre les deux communautés linguistiques ?

Certains travaux se distinguent par leur fini, par une lecture attentive : par exemple l'*Antiphonaire* d'Aquin et *Salut Galarneau !* de Godbout traduits par Alan Brown, les contes de Ferron traduits par Betty Bednarski, *L'incubation* de Bessette par Glen Shortliffe. Des disproportions se produisent également dans le choix des écrivains à traduire. Gabrielle Roy et Michel Tremblay sont particulièrement bien servis. D'autres écrivains, aussi intéressants, sont peu ou pas traduits : André Langevin, Ducharme, Poulin, Hugh Hood...

En 1975, selon les statistiques de l'Unesco, le Canada se situait, dans le domaine de la traduction, entre l'Albanie et l'Islande. À l'étranger, on a d'abord apprécié les œuvres à saveur folklorique : longtemps la littérature québécoise fut limitée à *Maria Chapdelaine* sur-traduite. Aujourd'hui Yves Thériault et Marie-Claire Blais sont traduits dans une dizaine de langues européennes. Leonard Cohen, négligé à Montréal, est traduit à Paris. Le nouveau théâtre québécois, rapidement traduit, est joué surtout au Canada anglais et aux États-Unis.

5. Journaux

L'introduction de l'imprimerie après la Conquête (1764) permet la naissance de la presse. Fondée en 1764, *La Gazette de Québec/The Quebec Gazette*, qui joue longtemps le rôle de journal officiel, accorde une place importante à l'information politique et publie les mandements du gouvernement. L'arrivée de Fleury Mesplet, disciple de Benjamin Franklin, marque l'histoire de la presse au Québec. Il fonde en 1778 *La Gazette du commerce et littéraire* qui devient *La Gazette littéraire*. Ce journal rédigé uniquement en français, qui voulait permettre la libre circulation des idées, disparaît en 1779 après l'emprisonnement de Mesplet et du rédacteur Jautard soupçonnés d'appuyer les rebelles américains. Il revoit le jour en 1785 sous le nom de *Gazette de Montréal/The Montreal Gazette*[13], journal bilingue qui devient unilingue anglais dès 1824. Les marchands anglais fondent *The Quebec Mercury* (1805-1903) qui s'acharne à écraser la culture canadienne-française.

Le Canadien (1806-1893), fondé par Pierre Bédard, veut combattre la propagande du *Mercury* et défendre les intérêts des Canadiens français. À l'avant-garde de l'idéal démocratique au Bas-Canada, *Le Canadien* sera relayé, à partir de 1826, par *La Minerve* (1826-1899), journal radical. Deux grands journalistes marquent les années 1830, Ludger Duvernay et Étienne Parent. Duvernay, direteur de *La Minerve*, est d'abord très près de Papineau. L'interdiction de son journal de 1837 à 1842 le pousse vers un conservatisme qui le coupe des Patriotes. Étienne Parent, propriétaire du *Canadien* de 1831 à 1842, joint les rangs de l'opposition, tout en gardant une attitude modérée.

Les années 1850 voient l'avènement des journaux rouges *L'Avenir* (1847-1857) et *Le Pays* (1852-1871). Organes officiels de l'Institut canadien de Montréal, ils appuient Papineau, préconisent la démocratie et sont farouchement anticléricaux. Ils ont pour adversaires tous les journaux ministériels et cléricaux : *L'Avenir* s'attaque aux *Mélanges Religieux* (1841-1852) ; *Le Pays*

13. Ce journal est le plus ancien quotidien au Québec.

à *L'Ordre* (1858-1871) et plus tard au *Nouveau Monde* (1867-1900), porte-parole de l'évêque de Montréal, Mgr Bourget, farouche censeur de l'Institut canadien. Dans cette lignée de journaux de combat, il faut mentionner *La Lanterne* (1868-1869) d'Arthur Buies, virulent journal anticlérial et radical. Autre journaliste important, Hector Fabre fonde *L'Événement* (1867-1967), journal modéré, tantôt conservateur, tantôt libéral, qui veut informer selon le modèle européen. Suite à la disparition du *National* (1872-1879), Honoré Beaugrand exprime dans *La Patrie* (1879) les tendances radicales du Parti libéral. Les tendances modérées de ce parti sont défendues par *L'Électeur* (1880) qui devient *Le Soleil* en 1896. Après le départ de Beaugrand en 1897, *La Patrie* mécontente certains libéraux ; ainsi naît *Le Canada* (1903-1954), poussé par un mouvement de révolte de l'aile gauche du parti. L'ardeur qui anime ce journal est toutefois freinée par les autorités.

Au tournant du siècle, la presse cléricale se développe en réaction contre les idées libérales. *La Vérité* (1881-1923) de Jules-Paul Tardivel est un journal catholique, conservateur et ultramontain. Journal d'idées qui s'attaque aux libéraux, il recrute sa clientèle parmi les membres du clergé et des professions libérales. *L'Action sociale et catholique* (1907) qui devient *L'Action catholique* en 1915 ne participe pas aux polémiques politiques, mais s'engage à respecter les directives de l'Église.

La disparition du *Canadien* (1893), du *Journal de Québec* (1899), de *La Minerve* (1899), du *Courrier du Canada* entraîne la naissance d'une presse mieux outillée, plus ouverte aux goûts du jour. La mainmise politique et religieuse sur les journaux, sans coplètement disparaître, est limitée par un souci naissant d'objectivité. *La Patrie*, *The Montreal Star* et *La Presse* amorcent un tournant majeur par l'utilisation de la manchette, de l'illustration et de nouveaux procédés typographiques. *The Montreal Star* (1869-1979), premier journal à utiliser la nouvelle à sensation, s'engage dans une dénonciation des politiciens et marchands malhonnêtes. Il analyse les événements en fonction de l'empire britannique et exprime un profond mépris envers les États-Unis et les Canadiens français. Née d'une scission à l'intérieur du Parti conservateur, *La Presse* (1884) est achetée par Trefflé Berthiaume en 1889. Véritable entreprise nationale, elle développe de nouvelles sections (annonces classées, publicité). Populaire dans les milieux ouvriers, elle se détache peu à peu des partis politiques.

Au début du 20e siècle, les journaux nationalistes veulent se libérer du joug des partis politiques et également de l'Église. *L'Action* (1903-1904) de Jules Fournier conteste toutes les institutions. *Le Nationaliste* (1904-1922) d'Olivar Asselin est jusqu'en 1910 au centre de tous les débats politiques. Il marque l'éveil d'une génération à la construction du pays.

La fondation du *Devoir*[14] (1910) par Henri Bourassa fait perdre au *Nationaliste* ses meilleurs journalistes. *Le Devoir* des premières années est un journal de combat et un instrument de promotion des Canadiens français. Il lutte contre l'impérialisme britannique et défend un certain nationalisme. Après le départ de Bourassa en 1932, le journal, sous la direction de Georges Pelletier, appuiera l'Action libérale nationale, mais se méfiera de Duplessis. Au même moment, *Le Canada* connaît un nouveau

---

14. Les intellectuels s'intéressent surtout au *Devoir*, un journal national plus préoccupé d'idées et de politique que *Le Journal de Montréal*, dont la clientèle apprécie les nouvelles sportives.

départ avec la présence d'Olivar Asselin. *Le Jour* (1937-1946) de Jean-Charles Harvey – journal nationaliste d'esprit démocratique accordant une large place à la culture – attaque férocement l'Union nationale, devenue propriétaire du *Montréal-Matin* en 1936.

La lutte contre le duplessisme est reprise par *Le Devoir* à partir de 1948. Le directeur Gérard Filion et le rédacteur en chef André Laurendeau partent en guerre contre celui que Laurendeau appellera le «roi nègre». Le journal dénonce la corruption et le patronage tant au niveau provincial que municipal. C'est l'époque faste du *Devoir*.

Au moment de la Révolution tranquille, plusieurs journaux changent soit de propriétaires, soit de directeurs ou de rédacteurs en chef. Pour la première fois au Québec, des journalistes font grève : à *La Presse* en 1958 (huit jours), puis en 1964 (sept mois). Pierre Péladeau en profite pour fonder *Le Journal de Montréal* (1964), qui s'adresse à la classe ouvrière et adopte la formule des trois S : sexe, sport, sang. *La Presse*, qui avait comme le *Star* une clientèle assez diversifiée, perd de nombreux abonnés.

The Gazette et *Le Devoir* recrutent leur clientèle parmi les classes instruites de la société (monde des affaires et de la politique, milieux universitaires). *Le Devoir* sous la houlette de Claude Ryan (1962-1979) se veut progressiste à la fois conciliateur et critique. *Le Jour* (1973-1976), qui veut rassembler les indépendantistes, vivote d'une campagne de souscription à l'autre.

À partir de 1967, un mouvement de concentration affecte la presse. Québécor, propriété de Péladeau, possède *Le Journal de Montréal* (tirage : 317 000, *Le Journal de Québec* (107 000) et plus de douze hebdomadaires à sensation (les fameux journaux «z'artistiques»). La multinationale Power Corporation de Paul Desmarais possède les quotidiens *La Presse* (210 000), *Le Nouvelliste* de Trois-Rivières (45 000), *La Tribune* de Sherbrooke (38 000), *La Voix de l'Est* de Granby (11 000) et plusieurs hebdos régionaux. Le Groupe Uni-Média contrôle *Le Soleil* de Québec (148 000), *Dimanche-Matin* (263 000), *Le Quotidien* de Chicoutimi (23 000), des hebdos régionaux et de quartier.

À la fin des années soixante-dix, les journaux vivent un moment de crise. D'importants quotidiens, entre autres *The Montreal Star* (1979) et *Montréal-Matin* (1978), disparaissent à la suite de grèves. D'autres voient leur tirage baisser dangereusement. Profitant d'un conflit de travail à *La Presse* en 1979, *Le Journal de Montréal* lui enlève sa traditionnelle suprématie. À cause de la fermeture du *Star*, le tirage de la *Gazette* passe de 116 000 à 200 000. Au moment où Ryan quitte *Le Devoir*, ce quotidien a un tirage de 65 000. En 1979, sous la direction de Jean-Louis Roy, *Le Devoir* garde son prestige, bien que son tirage soit le moins élevé des quotidiens publiés à Montréal (45 000).

La vocation des 175 hebdomadaires du Québec diffère beaucoup d'une catégorie à l'autre. L'hebdomadaire national, l'hebdomadaire régional, l'hebdomadaire «z'artistique» (journaux jaunes) et l'hebdomadaire distribué gratuitement, rentable parce qu'accordant une large part (environ 65%) à la publicité, ne visent pas les mêmes publics, les mêmes marchés. Les journaux de quartier, qui font habituellement partie de ce dernier groupe, tentent parfois de rejoindre les principales préoccupations de leurs habitants, comme c'est le cas pour *Liaison Saint-Louis* à Montréal. En plus des journaux de quartier, il faut mentionner la présence des journaux de groupes ethniques. Les Italiens publient à Montréal leur quotidien, *Il Ponte*. Ces journaux répondent à un besoin de fierté et d'appartenance du groupe et se veulent les défenseurs des intérêts de la communauté.

Le Conseil de presse du Québec (1978) est le seul organisme mandaté à la fois par les journalistes et par les media pour défendre le droit du public à l'information et protéger la liberté de presse. Cet organisme privé n'a qu'un pouvoir consultatif, mais ses jugements sont largement diffusés.

6. Danse

La danse au Québec s'est développée sous l'impulsion de personnalités étrangères qui venaient présenter des spectacles à travers le Canada : Anna Pavlova, de 1921 à 1923, et d'autres danseurs moins prestigieux suscitèrent plusieurs vocations chorégraphiques dans la province.

On voit, vers 1920-1930, des professeurs ouvrir des studios ; l'un de ces pionniers, Maurice Morenoff, dont le véritable nom est Maurice Lacasse – c'est dire l'importance de l'exotisme –, a contribué à l'essor de la danse, en l'introduisant dans diverses régions du Québec. Il a formé des gens comme Fernand Nault et Rolland Lorrain que l'on retrouve plus tard aux Grands Ballets canadiens. En 1945-1950, alors que des changements importants s'amorcent, Morenoff ne renouvelle pas les bases de son enseignement et disparaît de la communauté active de la danse.

Autour de 1938-1940, un nouveau professeur canadien-français, Gérald Crevier, arrive à Montréal. Il forme des élèves qui marqueront l'enseignement et le spectacle. Mentionnons Françoise Sullivan, danseuse et chorégraphe, qui participe au mouvement automatiste et rédige l'article sur la danse dans *Refus global*, ainsi que la danseuse Andrée Millaire des Grands Ballets canadiens. Crevier et ses élèves fondent une éphémère troupe

amateur, les Ballets Québec. La création d'œuvres de Crevier par la troupe montre qu'en 1948-1950 à Montréal et dans la province une écriture chorégraphique originale s'ébauche.

Si la danse, au début du siècle, s'était développée grâce aux spectacles d'artistes étrangers, c'est avec la création des Grands Ballets canadiens par Ludmilla Chiriaeff, arrivée à Montréal en 1952, La naissance de la télévision et la tenue de festivals annuels de danse que cet art connaît un nouvel élan. Ces importants festivals, qui s'étendent sur une période de sept ans, ont permis un rassemblement de personnes intéressées à promouvoir la danse. Durant ses premières années, la troupe des Grands Ballets canadiens donne de nombreux spectacles et se fait connaître par le truchement de la télévision.

Parallèlement à la danse classique naît, en 1952, un groupe de danse folklorique important, disparu en 1971 : les Feux-Follets. Ce groupe a exprimé les traditions québécoises et celles des autres ethnies sous l'impulsion de son fondateur, Michel Cartier. Le folklore est maintenant un vaste domaine de recherche dans lequel la danse ne représente qu'une composante. C'est pourquoi les groupes folkloriques contemporains situent leur action à l'intérieur de recherches sur les arts populaires traditionnels.

Si le classique et le folklorique ont monopolisé l'attention du public durant 15 ans, en 1965-1970, le moderne et le jazz entrent à leur tour en scène. La danse moderne a pris naissance avec des personnalités comme Jeanne Renaud et Françoise Riopelle qui ont fondé le Groupe de danse moderne, remplacé par la suite par le Groupe de la Place royale d'Ottawa. Le courant moderne se veut une recherche qui laisse place à l'improvisation et à la création de lignes moins rigides. L'art chorégraphique essaie de créer de nouvelles possibilités artistiques par des jeux de voix, de sons et des musiques plus contemporaines.

La communauté québécoise de la danse s'ouvre à plusieurs courants variés que tous ne s'entendent pas à définir, même à l'intérieur du milieu. L'aspect professionnel se développe bien et s'alimente à plusieurs sources. Cependant l'aspect éducatif accuse un certain retard, même si des progrès se font sentir, la danse ayant été longtemps considérée comme un simple divertissement. Le ministère de l'Éducation a mis au point un programme de danse au primaire. À l'intérieur des universités, il existe des baccalauréats et des certificats qui permettent de plus en plus la formation et le perfectionnement de danseurs. La recherche expérimentale favorise la création d'un riche répertoire.

7. Architecture, questions urbaines et régionales

Expérience de construction sous le Régime français, l'architecture au Québec est d'abord populaire. Héritière de la tradition française, surtout normande, elle doit être simple, fonctionnelle, composer avec de nouveaux matériaux, sous un nouveau climat. La maison est standardisée, sa forme ouverte, sa structure clairement exprimée. À partir de la Conquête, l'architecture académique, art de discipline d'une élite maintenant anglophone, remplace l'expérience de la construction. Les influences anglaise et française se superposent ; l'architecture religieuse mêle ces influences, se cherche une identité. Avec les débuts de l'enseignement architectural au 19e siècle et la nécessité de nouveaux équipements urbains, le classicisme victorien, équilibré, standardisé, triomphe de la tradition autochtone, pour être remplacé au

début du 20e siècle par l'influence du machinisme américain et l'internationalisme, surtout chez Ernest Cormier ou Marcel Parizeau.

Il faut attendre la Révolution tranquille pour que l'identité culturelle québécoise, jusque-là limitée aux escaliers extérieurs des quartiers populaires de l'est de Montréal, se manifeste de nouveau en architecture. L'influence américaine – confort matériel, manière de vivre, normes industrielles –, bien qu'elle représente un réel danger d'acculturation, est assimilée par les architectes dans une tentative de reconquête de la mythologie et du paysage nationaux. Aux tentatives imposantes de cette époque, répond une architecture expérimentale plus proche des petites communautés et favorisant l'information et la participation.

La modification du paysage architectural québécois au 20e siècle est évidemment tributaire d'une urbanisation rapide : de

1921 à 1971, la proportion de population urbaine passe de 56 à 81%. L'attraction du fleuve, l'explosion démographique, la mécanisation de l'agriculture, le développement du secteur tertiaire, les facilités de transport, la concentration du capital modifient l'espace québécois en accélérant le regroupement de la population le long de l'axe Québec-Valleyfield. Héritier des découpages francophone (seigneuries) et anglophone (*town-ships*), l'urbanisme cadastral et social du début du siècle, qui n'était qu'un laisser-aller déguisé, ne correspond plus à la réalité. L'urbaniste doit faire accepter la nécessité de son travail – conception, gestion, évaluation –, avant de devenir efficace durant la Révolution tranquille : par souci d'utilisation rationnelle des ressources, l'État crée la Communauté urbaine de Montréal (1960), la Société d'habitation (1967) et l'Office de planification et de développement (1969). Les technocrates dictent les règles du jeu. La recherche appliquée ne commence qu'au début des années soixante-dix, à l'INRS-urbanisation, par exemple.

Durant la Révolution tranquille, le gouvernement québécois manifeste une nette volonté de "régionalisation". Coupé de la population, l'État tente d'imposer un schéma de développement où le Québec constituerait une seule région : chaque sous-centre (Québec, Hull, Trois-Rivières, Chicoutimi Sherbrooke) doit trouver sa spécificité par rapport à la gigantesque conurbation montréalaise. Au développement écologique fondé sur une aire isolée, homogène et à vocation rurale, la Sous-Commission québécoise pour l'aménagement régional (1966-1969) oppose une organisation économique lourde autour de l'axe du fleuve et délaisse les régions excentriques (Abitibi, Gaspésie). Ces visées centralisatrices ont toutefois été combattues par diverses populations locales. L'expérience du Bureau d'aménagement de l'Est du

Québec, planifiée des salons du Parlement, est un échec. La création du JAL, regroupement économique, social et administratif de trois villages du Témiscouata voués à la disparition, témoigne de la naissance de modèles de développement populaires.

Malgré le désir maintes fois exprimé de l'actuel gouvernement de favoriser le développement par la base, il reste que l'apport de la collectivité à la prise de décisions concernant l'aménagement du territoire est minime. Le retour en ville des

banlieusards exilés le long des autoroutes ; le programme dit du 1% qui favorise l'intégration d'œuvres d'art aux édifices publics ; la revitalisation de quartiers complets (Milton Park à Montréal) par la formation de grosses coopératives d'habitation ; l'implantation de groupes populaires dans les régions ; tous ces gestes collectifs qui veulent faire échec aux privations individuelles (par la violence) et écologique (par la pollution), à la détérioration du tissu urbain et du patrimoine architectural, à la congestion de l'espace (perte d'espaces verts, priorité au réseau routier) et à la fragmentation de la société ne pourront être déterminants et efficaces que lorsqu'une volonté politique réaliste aura été exprimée. La planification locale, régionale (municipalités de comté) et provinciale est essentielle au développement harmonieux de l'espace québécois. (Devant leur abondance, nous n'avons pas retenu en bibliographie les nombreuses monographies de villes, villages ou bâtiments.)

8. Les Québécois dans leur vie quotidienne

À première vue, la vie quotidienne des Québécois ne diffère guère de celle des Américains : ils ont les mêmes voitures, les mêmes autoroutes, les mêmes appareils ménagers, presque la même télévision ; ils aiment les plaisanteries sonores, les couleurs un peu criardes, les voyages en groupe. Les Québécois sont ouverts, chaleureux, bavards. On a souvent l'impression que les hommes politiques, les comédiens et autres vedettes sont pour eux des cousins (pas très) éloignés. Ils sont – ou se croient – facilement chez eux partout, d'Old Orchard à Miami. Des ruelles touristiques du Vieux-Montréal ou du Vieux-Québec aux campings archibondés des lointaines banlieues, du festival western de Saint-Tite au festival de la tomate de Saint-Pierre-les-Becquets, chaque région cherche désespérément sa spécificité. Passant de son village à la grande ville, de la maison familiale à un petit appartement, le Québécois moyen retrouve spontanément – autour d'un club, d'une association, d'un mouvement communautaire – le sens du voisinage et de l'entraide. Il sait s'adapter aux changements, peut passer d'une société cléricale à une décléricalisation rapide en moins de dix ans. Au plan politique, les Québécois, sans être conservateurs, sont prudents ; même s'ils ont porté au pouvoir le Parti québécois, social-démocrate et indépendantiste, huit ans après sa fondation, ils continuent de voter en bloc, au niveau de la Confédération, pour le Parti libéral, fédéraliste et centralisateur. Rusés, ils évitent de mettre tous leurs œufs dans le même panier.

Les Québécois ne sont pas des Américains, ni des Canadiens comme les autres. Malgré McDonald's, ils ne boivent ni ne mangent exactement la même chose : ils préfèrent les alcools blancs aux alcools bruns, leur bière est plus forte, ils boivent plus de vin, dégustent plus de fromages et de sauces. La gastronomie, ranimant la tradition populaire, a trouvé, depuis quelques décennies, une place de choix dans les restaurants et les cuisines familiales. Des grands-mères aux jeunes couples, les Québécois aiment bien manger. Leur ordinaire traditionnel était assez lourd

: porc, gibier, tartes, sucreries. On combattait le froid ; on doit maintenant lutter contre l'embonpoint. Dans leur façon de s'habiller comme de recevoir, les Québécoises ont quelque chose du chic parisien, une certaine sophistication en moins.

Sportifs, les Québécois l'ont d'abord été devant leurs postes de radio ou de télévision, plus attentifs à la voix de Michel Normandin ou de René Lecavalier qu'à leur condition physique. Le hockey – malgré les succès des adversaires russes ou tchécoslovaques – est toujours le sport national. Le football canadien – qui n'est pas le soccer européen, d'introduction plus récente – est plutôt le sport des anglophones. Le baseball, depuis la création des Expos de Montréal en 1969, tente de rattraper le hockey au niveau de la popularité. Entre les réclames publicitaires des marchands de bière et les restes de la morale olympique des Jeux de 1976, l'homme de la rue n'a pas tout à fait choisi. Même si le joggeur, le cycliste ou le tennisman sont des créatures de plus en plus familières de l'environnement urbain, le Québécois commence à peine à penser en fonction de son corps.

QUIZ

1. À CHACUN SA CAPITALE

Il y a treize capitales en tout au Canada : une capitale fédérale, dix capitales provinciales et trois capitales territoriales.

Peux-tu réunir d'un trait la province, le territoire ou le pays à sa capitale ?

1. Charlottetown...	Territoire du Yukon
2. Edmonton...	Alberta
3. Frédéricton...	Colombie-Britannique
4. Halifax...	Île-du-Prince-Édouard
5. Ottawa...	Manitoba
6. Québec...	Territoires du Nord-Ouest
7. Régina...	Nouvelle-Écosse
8. Saint-Jean...	Canada
9. Toronto...	Nouveau-Brunswick
10. Victoria...	Ontario
11. Whitehorse...	Québec
12. Winnipeg...	Saskatchewan
13. Yellowknife...	Terre-Neuve
14. Iqaluit...	Territoire du Nunavut

2. UNE LETTRE QUI CHANGE TOUT

Les seize mots qui suivent cachent les noms de seize mammifères qui vivent au Canada. En changeant une seule lettre par mot, tu les trouveras tous.

1. MARCOTTE
2. TACHE
3. BEAU
4. SAPIN
5. TISON
6. NERF
7. COUP
8. HALEINE
9. ÂME
10. TAURE
11. BISOU
12. VOIR
13. SOUMIS
14. BELOTTE
15. MOURON
16. PORE

3. CONNAIS–TU TA GÉO ?

Tu peux jouer ce jeu seul ou avec plusieurs amis ou en formant plusieurs équipes. Dans ce cas, compte le temps avec un sablier. Voici douze questions pour vérifier tes connaissances en géographie générale. Pour chaque bonne réponse, accorde-toi un point. Si tu obtiens entre 10 et 12 points, bravo, tu es un champion ! Entre 6 et 9 points, ce n'est pas mal du tout. Moins ? Courage ! Après avoir fait tous les jeux de ce livre, tu sauras mieux répondre.

1. Quelles sont les couleurs du drapeau canadien ?
2. Quel est le nom de la capitale fédérale du Canada ?
3. Quel est l'océan qui baigne les côtes des provinces de l'Est ?
4. Quel est l'océan qui baigne la côte de la Colombie-Britannique ?
5. Quel est le nom du grand pays voisin au sud du Canada ?
6. Quelle chaîne de hautes montagnes sépare la Colombie-Britannique et l'Alberta ?
7. Quel est le nom de l'océan nordique qui borde les Territoires du Nord-Ouest et du Yukon ?
8. Quelle est la plus petite province du Canada ?
9. Quel est le plus important fleuve du Québec ?
10. Quelle est la plus grande province du Canada ?
11. Quelle est la province canadienne qui est la plus peuplée ?
12. Parmi les dix plus grands pays au monde, quel rang occupe le Canada ?

4. DOLLAR, DOLLAR, DIS-MOI CE QUE TU CACHES ?

Sur les monnaies et billets émis par la Banque du Canada, différents emblèmes, animaux ou objets, sont représentés sur le côté pile. (Le côté face représente la reine Élisabeth II ou différents hommes politiques.) Les connais-tu ?

Essaie de faire le test sans regarder dans ton porte-monnaie. Petit détail amusant, l'un de ces emblèmes est représenté deux fois : sur une pièce, ainsi que sur un billet. Fais ensuite passer le test aux personnes de ton entourage. Pas si facile que ça de les trouver tous !

L'emblème est :

sur la pièce de 1 cent ______________________

sur la pièce de 5 cents ______________________

sur la pièce de 10 cents ______________________

sur la pièce de 25 cents ______________________

sur la pièce de 1 dollar ______________________

sur la pièce de 2 dollars ______________________

sur le billet de 5 dollars ______________________

sur le billet de 10 dollars ______________________

sur le billet de 20 dollars ______________________

sur le billet de 50 dollars ______________________

sur le billet de 100 dollars ______________________

5. UNE DEVISE BIEN CACHÉE

Ce jeu a pour but de te faire découvrir la devise du Canada. Tout d'abord, tu dois trouver le mot qui correspond à la définition et au nombre de tirets.

Ensuite, lorsque tu as trouvé toutes les réponses, reporte les lettres correspondantes sur les tirets de la devise. Une même lettre porte toujours le même nombre.

1. La ville de Régina en est une : ___ ___ ___ ___ ___ ___ ___ ___
   1 2 3 4 5 6 7 8

2. C'est le nombre de provinces canadiennes : ___ ___ ___
   9 4 10

3. À l'est, c'est l'océan : ___ ___ ___ ___ ___ ___ ___ ___ ___ ___
   2 5 7 2 11 5 4 12 13 8

4. C'est la capitale de la Colombie-Britannique : ___ ___ ___ ___ ___ ___ ___ ___
   14 4 1 5 15 16 4 2

5. Ces chutes sont célèbres dans le monde entier : ___ ___ ___ ___ ___ ___ ___
   11 4 2 17 2 16 2

6. C'est la métropole du Canada : ___ ___ ___ ___ ___ ___ ___
   5 15 16 15 11 5 15

La devise du Canada est :

« ___ ' ___ ___ ___ ___ ___ ___ ___ ___ ___ , ___ ___ ___ ___ ___ »
9 ' 13 11 15 1 8 2 11 2 7 , 2 13 5 16 8

6. QUI SE RESSEMBLE, S'ASSEMBLE !

Nous te proposons ici 14 suites de mots concernant différents métiers pratiqués au Canada. Dans chacune de ces suites, deux mots ont un sens très proche. À toi de les découvrir et de les souligner. Pas si facile que ça !

1. exploratrice ◆ marchande ◆ trappeur ◆ découvreur ◆ colporteur
2. gérante ◆ vendeuse ◆ gestionnaire ◆ étalagiste ◆ boutiquière
3. graphiste ◆ libraire ◆ écrivaine ◆ imprimeur ◆ auteur
4. agriculteur ◆ pépiniériste ◆ cutivatrice ◆ couturier ◆ porteur
5. ambulancière ◆ médecin ◆ préposée ◆ docteure ◆ infirmière
6. marin ◆ pêcheur ◆ capitaine ◆ mousse ◆ matelot
7. secrétaire ◆ avocate ◆ comptable ◆ plaideur ◆ réceptionniste
8. instituteur ◆ concierge ◆ directrice ◆ surveillant ◆ enseignante
9. épicière ◆ bouchère ◆ fromager ◆ traiteur ◆ restauratrice
10. chercheur ◆ assistant ◆ biologiste ◆ professeur ◆ laborantine
11. informaticienne ◆ programmeur ◆ monteur ◆ statisticien ◆ technicienne
12. facteur ◆ téléphoniste ◆ animatrice ◆ lecteur ◆ livreur
13. fleuriste ◆ horticultrice ◆ plombier ◆ quincaillier ◆ charpentier

7. QUE SAIS-TU DE CE PAYS ?

Voici douze questions très faciles concernant le Canada. Pour chaque bonne réponse, accorde-toi un point.

Si tu obtiens entre 10 et 12 points, tu es un as. Entre 6 et 9 points, ce n'est pas mal du tout. Moins ? Tu as quelques lacunes mais, grâce à ce livre de jeux, tu arriveras vite à les combler.

Attention ! Ce jeu peut se jouer à plusieurs. Dans ce cas, on peut compter le temps à l'aide d'un sablier.

1. Comment appelle-t-on la pièce canadienne de 1 $?
2. Qu'est-ce qu'on voit sur le drapeau canadien ?
3. Quel est le légume que l'on cultive à l'île du Prince-Edouard ?
4. Quelles sont les deux langues officielles du Canada ?
5. Quel animal est l'emblème du Canada ?
6. Combien y a-t-il de provinces au Canada ?
7. Combien y a-t-il de territoires, situés au nord ?
8. Deux provinces canadiennes sont des îles. Lesquelles ?
9. Comment appelle-t-on les immenses plaines situées au sud de la Saskatchewan, de l'Alberta et du Manitoba ?
10. Vancouver est-elle la capitale de la Colombie–Britannique ?
11. Comment appelle-t-on les peuples qui vivaient au pays avant l'arrivée des colons européens ?
12. Quel est le nom de la chaîne de montagnes, située à l'est du Canada, qui traverse le Québec, les provinces maritimes et Terre-Neuve ?

8. ILS COMMENCENT PAR CAN

Les douze mots qui suivent commencent tous par CAN. À toi de les compléter en t'aidant des petites définitions. Les tirets correspondent aux lettres manquantes.

1. CAN _	C'est la femelle du canard.
2. CAN _ _	Fabriqué en écorce, c'était un moyen de transport très apprécié des Amérindiens.
3. CAN _ _	Indispensable à tout bon trappeur, à cause de ses multiples lames.
4. CAN _ _ _	C'est le nom d'une variété de pommes rainettes à la peau jaune ou gris-beige.
5. CAN _ _ _	C'est ainsi qu'on appelait autrefois le béluga.
6. CAN _ _ _	C'est un oiseau palmipède. Il y en a plusieurs espèces au Canada.
7. CAN _ _ _ _	Petite bouteille de bière ou de boisson gazeuse, faite en aluminium, et que l'on peut recycler.
8. CAN _ _ _ _ _	Avion équipé de réservoirs à eau, utilisé pour éteindre les incendies.
9. CAN _ _ _ _ _ _ _	Petit fruit rouge dont on fait une sauce très appréciée qui accompagne la dinde de Noël.
10. CAN _ _ _ _ _ _ _	Veste très chaude, doublée de fourrure, inspirée de celle des trappeurs.
11. CAN _ _ _ _ _ _ _	Au temps de la colonisation, on y plantait des chandelles pour y voir plus clair.
12. CAN _ _ _ _ _ _ _ _ _	C'est ainsi que l'on appelle une tournure de langage propre au français parlé au Canada.

9. LES GRANDES VILLES DU CANADA

En dehors des capitales, il y a aussi, au Canada, d'importantes agglomérations. Les treize noms de villes qui suivent ont été coupés en deux. Réunis-les, en trouvant dans la liste de droite ce qui manque à gauche. Écris le nom de la ville sur la ligne.

1. MONT . . GARY ____________________
2. GAN . . PER ____________________
3. SASKA . . SKI ____________________
4. CAL . . GAMI ____________________
5. VANC . . DER BAY ____________________
6. JAS . . RÉAL ____________________
7. THUN . . TOON ____________________
8. SUD . . BROOKE ____________________
9. MATA . . OUVER ____________________
10. RIMOU . . LOOPS ____________________
11. KAM . . RA ____________________
12. SHER . . BURY ____________________
13. KENO . . DER ____________________

10. DIX PROVINCES ET DEUX TERRITOIRES

Sur cette carte du Canada, nous avons tracé des frontières, mais nous avons oublié d'écrire les noms aux bons endroits.

Tu as dix-sept noms à inscrire à leur emplacement géographique réel. À toi de jouer ! Tu en connais beaucoup plus que tu ne l'imagines.

NOMS À PLACER

Alaska • Alberta • Baie d'Hudson • Colombie–Britannique • États–Unis
Île-du-Prince-Édouard • Manitoba • Nouveau-Brunswick • Nouvelle–Écosse
Océan Atlantique • Océan Pacifique • Ontario • Québec • Saskatchewan
Terre-Neuve • Territoires du Nord-Ouest • Territoire du Yukon

BIBLIOGRAPHIE & SITES INTERNET

Conseil de la Langue Française, *Le français au Québec. 400 ans d'histoire et de vie*, Sous la direction de M. Plourde et P. Georgeault, Fides, Les publications du Québec, 2008.

Corbeil, J.-P., B. Chavez et D. Pereira, *Portrait des minorités de langue officielle du Canada : les anglophones québécois*, Ottawa, Statistique Canada, 2010.

Delaunois A. et N. Dion, *Ô Canada !*, Éditions Pierre Tisseyre, 1998.

Dupays, J., *Abécédaire québécois*, Les Éditions du Boréal, 1988.

Eddie, C., *La langue française au Québec. 400 ans*, Secrétariat à la politique linguistique, 2008.

Frenette, Y., *Brève histoire des Canadiens français*, avec la collaboration de M. Pâquet, Les Éditions du Boréal, 1998.

Gauvin, L. et L. Mailhot, *Guide culturel du Québec*, avec la collaboration de J. -F. Chassay, L. Maisonneuve, B. Melançon, Les Éditions du Boréal Express, 1982.

Gouvernement du Québec, *Étudier au Québec*, Ministère de l'Éducation, du Loisir et du Sport, 2008.

Gouvernement du Québec, *L'ABC de la politique linguistique québécoise*, Secrétariat à la politique linguistique, 2011.

Lemieux, D., *Traité de la culture*, avec la collaboration de G. Bibeau, M. Comeau, F. -M. Gagnon, F. Harvey, M. -A. Lessard et G. Marcotte, Les Éditions de l'IQRC, 2002.

Létourneau, J., *Le Québec, les Québécois. Un parcours historique*, Montréal, Fides, 2004.

Lussier, D., «L'enseignement du français langue seconde», communication présentée à McGill, le 2 février 2001, Commission des états généraux sur la situation et l'avenir de la langue française au Québec, 2001.

Marmen, L. et J. -P. Corbeil, *Les langues au Canada : recensement de 1996*. Canada, ministère des Travaux publics, 1999.

Statistique Canada, *Le portrait linguistique en évolution, Recensement de 2006*, Ottawa, 2007.

Statistique Canada, *L'utilisation des langues en milieu de travail au Canada, Recensement de 2006*, Ottawa, 2009.

http://www.cslf.gouv.qc.ca

http://www.mcccf.gouv.qc.ca

http://www.oqlf.gouv.qc.ca

http://www.spl.gouv.qc.ca

http://www.stat.gouv.qc.ca

http://www.statcan.ca

서덕렬 한양대학교 불어불문학과를 졸업하고 프랑스 파리10대학에서 프랑스어 통사·의미론 전공으로 프랑스어학 석사와 박사학위를 받았다. 현재 한양대학교 프랑스언어문화학과 교수로 재직 중이며, 캐나다 정부 초청 방문교수로 퀘벡 문화정책에 대한 연구를 수행한 바 있다. 저서로 『기초 실용 프랑스어』 『심화 실용 프랑스어』 『프랑스어 테마별 어휘집』 『프랑스어 문법 파노라마』 『TEF(Test d'Évaluation de Français)』 등이 있고, 논문으로 「퀘벡의 지방 및 도시 문화 정책」 「캐나다 아카디 지방 프랑스어의 변이」 「프랑스어의 형태 통사론적 변이 — N1 N2 구조를 중심으로」 등이 있다.

CONNAÎTRE LA CULTURE CANADIENNE

펴낸날 2015년 2월 25일 초판 1쇄
지은이 서덕렬 · **펴낸이** 이영무
펴낸곳 한양대학교출판부 · **출판등록** 제4-7호(1972.2.29)
주소 서울 성동구 왕십리로 222 · **전화** 02.2220.1432-4 · **팩스** 02.2220.1435
홈페이지 press.hanyang.ac.kr · **이메일** presshy@hanyang.ac.kr
디자인 정준기 · **인쇄** 미르P&P

값 15,000원

ISBN 978.89.7218.465.2 (93760)